La cuisine
expliquée à ma mère

Julie Andrieu

La cuisine expliquée à ma mère

140 recettes faciles pour celles qui n'y connaissent rien

Albin Michel

Ouvrage publié sous la direction de Claude Lebey

Afin d'être suffisamment précis, il était nécessaire de citer certaines marques commerciales. Ces citations sont faites à titre gratuit et ne constituent pas une appréciation sur les marques mentionnées.

ISBN : 978-2-253-08415-0 – 1re publication LGF

Sommaire

Saladerie

Presque un plat

Pas d'ici

Encore du cru !

Œufs

Cuisson minute

Rien à faire… qu'attendre

Et avec ça ?

Pasta

Sucré-léger

Fi des calories...

Chocolat

Biscuits

LA CUISINE, MA MÈRE ET MOI

L'effet de surprise était garanti. Fille d'actrice et de marin, élevée dans le culte du surgelé et la hantise des repas à heures fixes, j'annonçai à ma mère vouloir faire de la cuisine mon métier. Après m'être frottée au photo-reportage, je changeais d'objectif et visais d'autres feux. Ma mère crut d'abord à une lubie, une fantaisie de plus, une fringale passagère...
Mon dévoyeur se nommait Claude Lebey. Il est, aujourd'hui encore, mon éditeur. C'est lui qui me mit les mains dedans en commençant par la plume. J'acquis mes galons d'auteur grâce à un ardu (!!!) travail d'enquêtrice pour le « Club des croqueurs de chocolat », puis de critique gastronomique pour le guide... Lebey. Forte de ces privilèges, je commençai à imaginer une petite émission de cuisine pour la télévision. Je trimballai mon inexpérience et ma volonté de chaîne en maison de production, et « Tout un plat » finit par voir le jour sur Téva. Pendant ce temps, ma mère s'inquiétait de voir ma lubie perdurer. Dans notre maison de Valbonne, les mêmes scènes se répétaient pendant les vacances.
– Une virée matinale au village pour acheter le pain : « Mais il y en avait au congélateur ! »

– La préparation des marinades pour le déjeuner :
« Ça ne fait pas 15 jours qu'on est ici et tu as déjà vidé la bouteille d'huile d'olive ! »
– Puis un retour au village pour faire le plein de légumes :
« Tu ne veux pas profiter un peu de la piscine ? »
– Avant la préparation du déjeuner, en douce cette fois-ci pour éviter la foudre :
« Julie, où es-tu ?
– J'arrive, maman, j'enfile un maillot... »
J'étais en cuisine, évidemment, tandis qu'elle maugréait au bord de la piscine, refusant de croire que l'on pouvait préférer les fourneaux aux transats.
Non qu'elle soit dénuée d'appétit, au contraire. Il lui paraît simplement saugrenu de passer plus de 10 min à préparer un repas. Son rythme alimentaire est bien celui d'une comédienne, oscillant entre les steaks tartares de brasserie avalés à 1 heure du matin, et les petits déjeuners préparés sur le pouce, en regardant le journal de 13 heures.
Pourtant, elle s'intéressait chaque année un peu plus à ce qui sortait de mes casseroles. Sollicitée pour juger de l'équilibre des saveurs, de la pertinence d'un assaisonnement, ou de la justesse d'une cuisson, elle prenait son rôle de dégustatrice très à cœur, et l'exaspération se transformait progressivement en curiosité, voire en intérêt appuyé : « Et alors, ça, tu l'as cuit comment ? », « Et pour ce gratin, tu utilises quel type de pommes de terre ? ».
J'en étais venue à expliquer la cuisine à ma mère. Ses questions furent le terreau dans lequel ce livre a pris naissance.
Merci à elle pour son attention, son enthousiasme, sa fantaisie, son imagination.
Et son immense tendresse...

Julie Andrieu

LA CUISINE, MA FILLE ET MOI

Lorsque tu m'as demandé de participer à ton troisième livre de cuisine, je t'ai soupçonnée de vouloir me donner l'envie de me remettre aux fourneaux.
Il faut dire qu'entre vingt et quarante ans j'ai aimé cuisiner. J'en donne pour preuve mes trois plats favoris : le rôti de porc aux pruneaux (certes, je ne pensais pas alors à préparer ma purée de pommes de terre à l'huile d'olive !), le canard à l'orange (dont je serais bien incapable aujourd'hui de donner la recette) et un osso-buco qui n'avait franchement pas l'air de déplaire. Je vois déjà ton air sceptique... n'oublie pas que tu n'étais pas là pour le constater.
Il est vrai qu'à ta naissance j'ai pratiquement arrêté de cuisiner. Nos soirées les plus gastronomiques se résumaient à un hamburger (maison, tout de même) dégusté sur une table roulante, devant la télé pour ne pas perdre une minute de « Dallas » ou de « Champs-Élysées ». Après sont arrivés les surgelés, et là... cataclysme ! je suis devenue une horrible paresseuse.

Rassure-toi, dès que tu m'offriras le titre de grand-mère, je régalerai mes petits-enfants de desserts inspirés des recettes de leur maman. Les plus simples en tout cas.
Alors, mesdames et demoiselles – et pourquoi pas messieurs –, ne cédez pas à la facilité, faites comme Julie, cuisinez !
La cuisine, c'est généreux, inventif, convivial. C'est un des ingrédients du bonheur. Et on en apprend tous les jours.

Nicole Courcel

AVEC LES doigts

Peaux de pommes de terre croustillantes

Une bonne idée que de récupérer les épluchures de pommes de terre. On la doit aux Irlandais, qui ont, depuis longtemps, réalisé que le meilleur de la pomme de terre était sa peau. Elle contient en effet la plupart des minéraux et révèle un agréable goût de châtaigne (surtout lorsqu'elle est cuite à une température élevée).

Préparation 5 min
Cuisson 1 h 10

Pour 4 personnes

- 6 pommes de terre bintje moyennes
- 50 cl d'huile de tournesol
- Fleur de sel

1. Préchauffe le four à la température maximale.
2. Lave et sèche les pommes de terre. Pose-les sur la plaque du four protégée par du papier aluminium. Enfourne 1 h au moins selon leur taille (vérifie la cuisson avec la pointe d'un couteau). Retourne les pommes de terre 2 ou 3 fois en cours de cuisson.
3. Retire-les du four et laisse-les tiédir. Coupe les pommes de terre en deux et creuse-les. Laisse une fine couche de pomme de terre contre la peau. Coupe ces peaux en 4.
4. Fais chauffer l'huile dans une sauteuse. Plonge les peaux dans l'huile bien chaude, laisse-les 30 s de chaque côté, jusqu'à ce qu'elles deviennent croustillantes. Retire-les à l'écumoire et dépose-les sur du papier absorbant. Garde-les au chaud dans le four tiède, le temps de les cuire toutes.
5. Saupoudre de fleur de sel et sers immédiatement.

UN CONSEIL

Achète des pommes de terre bio, c'est plus sûr dans la mesure où tu consommes la peau, qui se trouvait directement en contact avec la terre de culture.

UNE IDÉE

Avec la chair des pommes de terre, prépare une purée originale : mixe 400 g d'épinards hachés à la crème (surgelés) avec 6 tomates séchées et une douzaine de câpres au sel, lavées et égouttées. Fais chauffer et incorpore ce mélange aux pommes de terre écrasées.

LA QUESTION DE MA MÈRE

POMMES DE TERRE
EST-ON VRAIMENT OBLIGÉ DE LES CUIRE AVANT DE FAIRE FRIRE LEUR PEAU ?

Non, absolument pas. En fait, cette recette a été imaginée pour ne pas jeter les peaux des pommes de terre cuites, mais, si tu ne veux préparer que les chips, il suffit de peler les pommes de terre crues avec un couteau économe en emportant une épaisse bande de chair. Si tu souhaites te servir des pommes de terre pelées pour une autre recette, n'oublie pas qu'elles ne se conservent pas plus de 24 h.

Anchois marinés au vinaigre

Quand on parle d'anchois, les mines grimacent souvent en pensant à ces filets puissamment salés qui emportent vite le palais. C'est oublier que les anchois sont avant tout de délicieux poissons frais, dont la chair, fine et savoureuse, dévoile un agréable goût de noisette. Préparés ainsi, à l'espagnole : saisis à cru par un bon vinaigre de xérès, ils gardent leur fraîcheur et leur délicatesse et permettent ensuite de réveiller des légumes grillés, une salade croquante ou même un petit chèvre frais.

Préparation 15 min
Marinade 2 à 3 h

Pour 4 personnes

- 500 g d'anchois bien frais
- 1 gousse d'ail
- 3 brins de persil plat frais
- 1 verre de vinaigre de xérès ou de vin vieux (20 cl)
- 4 cuil. à soupe d'huile d'olive
- Sel

1. Lave et sèche les anchois. Retire les têtes et fais glisser ton doigt le long de l'arête centrale pour lever les filets. Étale ces filets sur un grand plat, côté chair vers le haut, et couvre-les de vinaigre. Laisse reposer 1 à 2 h au frais (selon la taille des poissons).
2. Hache le persil et l'ail. Égoutte les anchois sans les rincer et saupoudre-les de sel, de persil et d'ail hachés. Arrose généreusement d'huile d'olive et laisse encore mariner 1 h au frais.
3. Sers les anchois égouttés avec des tranches de pain grillées.

UN CONSEIL

Les temps de marinade sont indicatifs, le plus simple reste d'ôter les anchois du vinaigre dès qu'ils blanchissent.

LA QUESTION DE MA MÈRE

ANCHOIS

PEUT-ON UTILISER DES ANCHOIS CONSERVÉS DANS L'HUILE OU DANS LE SEL ?

Ouh, là là, non ! ils sont déjà « cuits » par leur marinade. Il faut impérativement utiliser des poissons frais pour garder la saveur et le moelleux de la chair. Si tu ne trouves pas d'anchois chez ton poissonnier, utilise des petites sardines ou des lisettes.

VINAIGRE

TU UTILISES DU VINAIGRE DE VIN ROUGE OU BLANC ?

Plutôt blanc car le rouge risque de colorer tes anchois.

Petits sandwichs d'artichauts au parmesan

Des sandwichs sans pain : un rêve de fille. Ici c'est le fond de l'artichaut qui est tranché dans son épaisseur et garni de lamelles de parmesan. J'avoue qu'il m'arrive parfois de céder à la facilité du surgelé, qui évite le laborieux travail qu'imposent les artichauts.

Préparation 5 min
Cuisson 5 min

Pour 4 personnes

- 8 fonds d'artichauts (frais ou surgelés)
- 1 citron (jus)
- 1 cuil. à café de thym effeuillé (soit 1 brin environ)
- 70 g de copeaux de parmesan
- 50 cl d'huile pour friture
- 1 bol de farine
- Fleur de sel et poivre du moulin

1. Si les artichauts sont frais, épluche-les et fais-les cuire 10 min dans une eau salée et citronnée, puis dégage les fonds. Surgelés, laisse-les décongeler à l'air libre ou au four à micro-ondes.
2. Chauffe l'huile à feu vif dans une sauteuse (ou utilise une friteuse). Coupe les fonds en deux dans l'épaisseur et farine-les légèrement. Plonge-les 1 min dans l'huile bien chaude. Égoutte-les sur du papier absorbant.
3. Dépose les bases des fonds sur les assiettes, couvre de parmesan en copeaux, parsème de 1 cuil. à café de thym effeuillé et recouvre avec les chapeaux. Arrose de jus de citron, sale légèrement, poivre et sers bien chaud,

avec une salade de mesclun en entrée. Tu peux aussi les couper en quatre et les servir avec des piques en bois à l'apéro.

UN CONSEIL Confectionne les sandwichs quand les fonds sont encore chauds afin que le parmesan fonde plus facilement.

LA QUESTION DE MA MÈRE

HUILE LAQUELLE EST LA MEILLEURE POUR LA FRITURE ? Les huiles qui supportent le mieux les hautes températures sont les huiles d'arachide, de tournesol, d'olive et de pépins de raisin. J'ai un faible pour cette dernière (utilisée pour la fondue bourguignonne), dont j'apprécie la saveur totalement neutre.

Sablés salés au sésame et au parmesan

J'ai un faible pour les sablés bretons, les vrais, bien épais, légers et beurrés à la fois, ceux qui laissent des miettes sur les avant-bras comme autant d'aveux de gourmandise. J'ai voulu m'amuser à décliner la recette pour pouvoir proposer des sablés salés à l'apéritif.

Préparation 10 min
Cuisson 20 min
Repos au frais 4 h

Pour 20 sablés
- 120 g de farine de sarrasin
- 80 g de farine blanche
- 1 jaune d'œuf
- 125 g de beurre
- 100 g de parmesan
- 2 cuil. à soupe de graines de sésame
- Sel et poivre blanc

1. Sors le beurre du réfrigérateur au moins 2 h avant de préparer les sablés.
2. Râpe le parmesan. Mélange les farines avec le parmesan, les graines de sésame, du sel et du poivre. Ajoute le beurre puis le jaune d'œuf et mélange rapidement, à la main ou au robot. À la main, c'est très facile.
3. Avec cette pâte, forme 2 boudins épais et entoure-les de film alimentaire. Laisse-les reposer au frais 4 h au moins.
4. Préchauffe le four à 160 °C (th. 5-6).
5. Tranche des rondelles de pâte de 1 cm d'épaisseur avec un couteau à lame fine et fais-les cuire sur une plaque beurrée (la matière grasse n'est pas indispensable pour les plaques antiadhésives) pendant 10 min. Sors-les du four, retourne-les à l'aide d'une spatule et remets-les au four 10 min. Laisse-les refroidir sur une grille.
6. Tu peux conserver les sablés dans un récipient hermétique, 1 semaine au maximum.

UN CONSEIL

Quand tu auras pris le tour de main, tu pourras même sacrifier le jaune d'œuf. La pâte sera plus friable mais les sablés encore plus légers.

LA QUESTION DE MA MÈRE

FARINE

PUIS-JE UTILISER UNIQUEMENT DE LA FARINE BLANCHE ?

Oui, bien sûr, mais la farine de sarrasin donne à ces sablés leur couleur dorée et une agréable saveur de noisette.

PÂTE AU REPOS

EST-CE INDISPENSABLE DE LAISSER LA PÂTE REPOSER 4 H AU FRAIS ?

Oui, absolument. Ça permet à la pâte de se solidifier, sinon, il serait impossible de la couper.

Sardines croustillantes à la vinaigrette de tomate

Voilà un bon exemple de *finger food* : des filets de sardines fraîches, emprisonnés dans une feuille de brick croustillante et trempés dans une concassée de tomates fraîches acidulées. Un moment magique quand tout cela se mêle sur le palais. Pour ne pas t'empêcher de partager l'apéro avec tes amis, tu peux les préparer quelques heures à l'avance et les cuire au dernier moment.

Préparation 15 min **Cuisson** 10 min

Pour 4 personnes

- 16 filets de sardines fraîches
- 8 feuilles de brick
- 300 g de tomates
- 1 brin d'aneth
- 2 brins de persil plat
- 1 brin de coriandre
- 1 citron
- 6 cuil. à soupe d'huile d'olive
- 8 cuil. à café de moutarde en grains
- 1 cuil. à soupe de vinaigre de xérès
- 1 cuil. à café rase de sucre en poudre
- 1 pointe de piment d'Espelette
- Sel et poivre

1. Coupe les tomates en dés, mélange-les avec le vinaigre de xérès, 2 cuil. à soupe d'huile d'olive, le sucre en poudre, les herbes lavées et ciselées, le piment, du sel et du poivre. Réserve au frais.
2. Préchauffe le four à 220 °C (th. 7-8).
3. Passe les filets de sardines sous un filet d'eau et sèche-les. Badigeonne l'intérieur de chaque filet avec 1/2 cuil.

à café de moutarde en grains, sale-les et poivre-les. Superpose-les comme si tu cherchais à reconstituer les sardines.

4. Coupe les feuilles de brick en deux bandes et enroule-les bien serré autour des sardines. Badigeonne le tout avec 4 cuil. à soupe d'huile d'olive et dépose-les dans un plat à gratin huilé, sans les serrer. Enfourne et laisse cuire 10 min en les retournant à mi-cuisson.
5. Sers les sardines bien chaudes avec la concassée de tomates glacée et des quartiers de citron.

UN CONSEIL

Pour cette recette, utilise 2 petites tomates plutôt que 1 grosse : leur chair sera plus parfumée et moins aqueuse.

LA QUESTION DE MA MÈRE

SARDINES

PEUT-ON LES ACHETER EN FILETS TOUT PRÉPARÉS CHEZ LE POISSONNIER ?

En général, il est déconseillé d'acheter des filets déjà « levés » car ils se dessèchent très vite et perdent leur saveur. Fais du charme à ton poissonnier pour qu'il les lève à ta place. Autre solution : avoir toujours un sac de filets de sardines surgelés dans son congélateur. Parfois bien meilleures que les supposées fraîches...

FEUILLES DE BRICK

CHAQUE FOIS QUE J'EN UTILISE, ELLES SÈCHENT AVANT MÊME QUE J'AIE FINI MA RECETTE. Y A-T-IL UNE SOLUTION ?

Mon premier conseil, c'est de ranger très vite les feuilles que tu n'utilises pas dans leur pochette. Si elles te paraissent néanmoins un peu desséchées, tamponne-les avec un torchon humide avant de les utiliser. Elles retrouveront une nouvelle souplesse.

Rouleaux de printemps au chèvre frais

La version hexagonale d'une célèbre recette vietnamienne. Les galettes de riz se trouvent facilement dans les rayons asiatiques des grandes surfaces. Fermées bien hermétiquement dans leur emballage plastique, elles se conservent plusieurs mois. Le mieux reste encore de les congeler si tu ne les utilises pas très souvent.

Préparation 10 min
Pas de cuisson

Pour 4 personnes

- 8 galettes de riz chinoises
- 300 g de chèvre frais
- 8 feuilles de laitue
- 1 carotte
- 2 brins de menthe
- 5 cuil. à soupe d'huile d'olive
- 4 cuil. à soupe de sauce soja
- Sel et poivre du moulin

1. Épluche la carotte et râpe-la.
2. Mélange 4 cuil. à soupe de sauce soja, du sel, du poivre, et 5 cuil. à soupe d'huile d'olive. Assaisonne une grosse poignée de carottes râpées avec la moitié de cette sauce.
3. Écrase le chèvre frais avec 3 cuil. à soupe de menthe ciselée et du poivre.
4. Humidifie les galettes de riz et couvre-les chacune de 1 feuille de laitue. Répartis le chèvre écrasé et les carottes râpées dans chaque feuille, replie les bords et roule-les en serrant bien.
5. Ajoute 1 cuil. à soupe d'eau et un peu de menthe ciselée à la sauce restante et sers-la avec les rouleaux.

UN CONSEIL

Pendant que tu prépares les rouleaux, conserve les galettes sous un torchon mouillé : cela leur donnera un peu de souplesse et leur évitera de sécher trop vite.

LA QUESTION DE MA MÈRE

BIEN ORGANISÉE !
PUIS-JE PRÉPARER CES ROULEAUX À L'AVANCE ?

Quelques heures à l'avance, sans problème, mais pas davantage. Prends soin de les recouvrir avec un torchon humide pour éviter qu'ils ne se dessèchent.

Tempura d'herbes

Ah ! la voilà, la recette incontournable, la tranche de mode servie à toutes les sauces. Oui mais, finalement, les recettes en vogue, c'est un peu comme les clichés, il y a toujours un fond de vérité. Si on les aime tant, c'est peut-être parce que c'est bon !? Dans le cas des herbes fraîches, la légèreté et la neutralité de cette pâte permettent de respecter l'arôme et la texture de chaque brin.

Préparation 20 min
Cuisson 10 min

Pour 6 personnes

- 350 g de Maïzena
- 2 œufs
- 40 cl d'eau glacée
- Huile pour friture
- 200 g d'herbes au choix : persil plat, basilic, sauge, cerfeuil, feuilles de céleri, coriandre...
- Sel

1. Lave et sèche les herbes. Détache les petits bouquets des tiges et réserve au frais.
2. Fais chauffer l'huile dans une sauteuse ou une casserole.

3. Mélange les œufs, l'eau glacée et une pincée de sel. Ajoute progressivement la Maïzena tout en fouettant.
4. Trempe les bouquets d'herbes dans cette pâte, puis, délicatement, dans l'huile de friture bien chaude. Laisse cuire 10 s environ. Égoutte-les avec une écumoire et dépose-les sur du papier absorbant. Garde au chaud à four tiède pendant que tu fais cuire la totalité.
5. Sale légèrement et sers immédiatement.

UN CONSEIL

La pâte doit être utilisée dans les 10 min qui suivent sa préparation.

LA QUESTION DE MA MÈRE

À LA JAPONAISE

PEUT-ON UTILISER CETTE PÂTE POUR PRÉPARER LES TEMPURAS DE LÉGUMES OU DE CREVETTES QUE L'ON SERT DANS LES RESTAURANTS JAPONAIS ?

Oui, on peut l'utiliser pour toutes sortes de friture, si ce n'est que la vraie pâte à tempura japonaise ne contient pas de jaunes d'œufs. Elle enrobe moins facilement les aliments et reste pâlichonne à la cuisson. C'est une question de culture.

ENTRÉES chic

Tarte fine aux lisettes et aux oignons doux

Moins grasse que son aîné le maquereau, la lisette est un petit poisson de mer trop souvent ignoré par les chefs. Il est pourtant aussi bon marché que délicat et se prête à tous les modes de cuisson : poêlé, frit, rôti, grillé ou mariné. Ici, les lisettes sont simplement posées sur un fond de bricks croustillantes et un lit d'oignons fondants. Une sorte de pissaladière à la marocaine. Variante pour ménagères pressées : badigeonner les feuilles de brick de tapenade, couvrir de quelques dés de tomates fraîches et y déposer les filets de lisettes, puis arroser d'huile d'olive.

Préparation 10 min **Cuisson** 30 min

Pour 6 personnes

- 5 feuilles de brick
- 300 g de filets de lisettes
- 5 oignons blancs
- 1/2 citron (jus)
- 3 brins de coriandre fraîche
- 1 grosse cuil. à soupe de miel
- 5 cuil. à soupe d'huile d'olive
- 10 g de beurre pour le moule
- 1 cuil. à café de baies roses
- Sel et poivre

1. Préchauffe le four à 180 °C (th. 6).
2. Mélange 2 cuil. à soupe d'huile d'olive, le jus du 1/2 citron et les baies roses. Lave et sèche les filets de lisettes. Recouvre-les de cette préparation et laisse mariner le temps de préparer le reste de la recette.
3. Pèle et émince les oignons. Fais chauffer 2 cuil. à soupe d'huile d'olive dans une casserole, verse les oignons émincés, ajoute le miel, couvre et laisse cuire 20 min, à feu doux, en remuant souvent. En fin de cuisson, sale, poivre et ajoute la coriandre lavée, séchée et ciselée.

4. Huile légèrement les bords des feuilles de brick et dispose-les dans le fond d'un moule à tarte beurré en les laissant déborder légèrement sur les côtés.
5. Répartis les oignons dans le fond du moule, dépose les filets de lisettes en étoile, pointe vers le centre, et arrose-les avec un peu de marinade. Enfourne et laisse cuire 10 min.
6. Laisse tiédir. Démoule délicatement avant de servir.

UNE IDÉE…

Ajoute quelques graines de coriandre dans la compote d'oignons.

LA QUESTION DE MA MÈRE

FEUILLES DE BRICK

CHAQUE FOIS QUE J'EN UTILISE, ELLES SÈCHENT AVANT MÊME QUE J'AIE FINI MA RECETTE. Y A-T-IL UNE SOLUTION ?

Mon premier conseil, c'est de ranger très vite les feuilles que tu n'utilises pas dans leur pochette. Si elles te paraissent néanmoins un peu desséchées, tamponne-les avec un torchon humide avant de les utiliser. Elles retrouveront une nouvelle souplesse.

OIGNONS BLANCS

LES GROS OU LES PETITS ?

Tu as raison, ce n'est pas facile de s'y retrouver. En général, ceux qu'on appelle oignons blancs, comme ici, sont de gros oignons originaires du Midi, plus doux et plus sucrés que les jaunes. Les petits oignons blancs en botte sont aussi appelés oignons grelots ou nouveaux.

BAIES ROSES

IL NE FAUT PAS LES ÉCRASER ?

J'aime bien les sentir éclater sous la dent, mais c'est très personnel. Si tu crains que leur saveur ne domine celle du poisson, tu peux diminuer la quantité et les concasser légèrement.

Soufflé au crabe et au sésame

Le temps de préparation de cette recette peut varier du simple au triple : une petite heure si tu décides de tout faire maison (cuire un crabe et le décortiquer, préparer toi-même la béchamel) ou quelques minutes si tu optes pour la solution « placard », qui ne trahit pas franchement la finesse de ces soufflés si tu investis dans une boîte de crabe de bonne qualité.

Préparation 15 min
Cuisson 25 min

Pour 4 personnes

- 100 g de crabe en boîte (d'une bonne marque, type Chatka)
- 3 œufs + 1 blanc
- 40 cl de béchamel maison ou toute prête (de préférence surgelée)
- 1 cuil. à soupe de graines de sésame + 1 pincée
- 20 g de beurre pour le moule
- Sel et poivre

1. Préchauffe le four à 210 °C (th. 7).
2. Fais dorer les graines de sésame 5 min dans une poêle à sec.
3. Égoutte le crabe en boîte en gardant le jus. Écrase la chair et mélange le jus recueilli avec les 40 cl de béchamel. Sale et poivre légèrement. Ajoute les jaunes d'œufs ainsi que les graines de sésame grillées.
4. Monte 4 blancs en neige, auxquels tu auras ajouté une pincée de sel, et mélange-les délicatement à la préparation.

5. Verse le tout dans un moule à soufflé beurré, parsème la surface d'une pincée de graines de sésame et enfourne en baissant le four à 180 °C (th. 6).
6. Laisse cuire 25 min environ.

UNE IDÉE

Tu peux réaliser des petits soufflés en versant la pâte dans des moules individuels. Dans ce cas, limite la cuisson à 15 min.

LA QUESTION DE MA MÈRE

CRABE

SI JE NE TROUVE PAS LA MARQUE CHATKA, COMMENT JUGER DE LA QUALITÉ DES AUTRES MARQUES ?

Ce n'est pas très compliqué, les marques de qualité sont à peu près trois fois plus chères que les autres.

BÉCHAMEL

ET SI JE VEUX LA FAIRE MOI-MÊME ?

Volontiers. Fais fondre 30 g de beurre, puis ajoute 1 bonne cuil. à soupe de farine, remue et verse 30 cl de lait chaud en filet. Laisse cuire 10 min environ à feu très doux sans cesser de remuer.

BLANCS EN NEIGE

POURQUOI DOIT-ON TOUJOURS AJOUTER DU SEL DANS LES BLANCS D'ŒUFS AVANT DE LES FOUETTER ?

Parce que le sel permet de figer les bulles d'air apportées par le mouvement du fouet.

Petits gâteaux d'épinards aux poires

Aussi sucrées soient-elles, les poires sont parmi les fruits qui se marient le mieux avec les plats salés : salade de roquette aux poires et parmesan, cocotte de légumes et râpée de poires crues (un des plats phares du célèbre Louis XV, à Monaco), tartelettes de poires à la fourme d'Ambert comme chez Alain Passard, tartare de bœuf aux poires à la coréenne... Le plus compliqué est encore de trouver des poires juteuses sans être molles, mûres mais pas trop sucrées. Pour cette recette, je te conseille les comices, dont la tenue à la cuisson n'est plus à démontrer.

Préparation 15 min
Cuisson 30 min

Pour 4 personnes

- 800 g d'épinards en branches
- 1 bouquet de basilic
- 2 échalotes
- 1 poire
- 4 œufs
- 20 cl de crème fleurette
- 40 g de beurre
- 120 g de parmesan, sans la croûte
- 1 cuil. à café de farine
- 1 pincée de paprika
- Sel et poivre

1. Préchauffe le four à 180 °C (th. 6).
2. Casse la queue des épinards, lave-les et essore-les. Épluche et hache les échalotes. Râpe le parmesan.
3. Fais fondre les échalotes dans une casserole avec 20 g de beurre, ajoute les épinards et laisse cuire à feu doux pendant 5 min en remuant de temps en temps. La préparation doit être complètement desséchée.

4. Lave, sèche et cisèle le basilic. Pèle la poire et coupe-la en petits dés.
5. Mixe les épinards avec les œufs, la crème fleurette et la moitié du parmesan râpé. Sale, poivre et ajoute le paprika, la moitié du basilic ciselé et les dés de poire. Mélange bien.
6. Beurre 4 moules ronds et verse-y la préparation. Pose les moules dans un grand plat à bords hauts, verse de l'eau chaude dedans jusqu'aux 3/4 des moules pour cuire au bain-marie. Enfourne et laisse cuire 30 min.
7. Pendant ce temps, prépare des galettes de parmesan : fais chauffer une petite poêle antiadhésive à feu moyen. Mélange le reste du parmesan avec la farine. Couvre la surface de la poêle d'une fine couche de ce mélange. Parsème de basilic ciselé. Laisse fondre 30 s. Retire la galette avec une spatule fine dès qu'elle commence à colorer. Dépose sur une assiette et recommence 3 fois l'opération.
8. Retire les gâteaux du four. Laisse refroidir, démoule et pose une galette de parmesan sur chaque gâteau.
9. Sers à température ambiante.

LA QUESTION DE MA MÈRE

ÉPINARDS
EST-CE QUE JE PEUX LES PRENDRE SURGELÉS ?

En dépannage, si tu les fais bien dessécher à la casserole.

BIEN ORGANISÉE !
PUIS-JE PRÉPARER LES GALETTES DE PARMESAN À L'AVANCE ?

Tu peux t'y prendre 2 h à l'avance, mais pas plus, car elles ramollissent très vite.

Petits clafoutis de camembert aux pleurotes

Je ne suis pas la première à oser le clafoutis salé. Aux griottes de nos grands-mères, on substitue légumes, fromage et même quelques filets de poisson. Finalement, on obtient une sorte de quiche sans pâte, ou un flan plus onctueux, selon le point de vue. L'avantage de cette recette est qu'elle permet d'utiliser les restes d'un plateau de fromage. Si tu crains le côté rustique de la croûte, retire-la complètement.

Préparation 15 min

Cuisson 30 min

Pour 4 personnes

- 1 camembert plutôt jeune
- 500 g de pleurotes
- 1 belle échalote
- 4 brins de cerfeuil
- 35 g de beurre
- 3 œufs
- 20 cl de crème fraîche
- 1 bonne pincée de noix muscade en poudre
- Sel et poivre

1. Préchauffe le four à 180 °C (th. 6).
2. Gratte la croûte du camembert avec un couteau à dents pour retirer la partie la plus blanche. Coupe-le en deux dans l'épaisseur puis recoupe chaque disque en 8 triangles.
3. Nettoie les pleurotes avec un linge et coupe-les en morceaux. Épluche et émince l'échalote, fais-la fondre à la poêle dans le beurre chaud. Ajoute les champignons et fais-les sauter à feu assez vif, jusqu'à ce que leur eau

s'évapore. Les champignons doivent être bien secs et légèrement dorés. Sale et poivre.

4. Dans un saladier, bats les œufs avec la crème fraîche et la noix muscade. Ajoute le cerfeuil ciselé, du sel et du poivre.
5. Beurre 4 petits plats ronds individuels, allant au four. Répartis les champignons dedans, puis verse la préparation. Dépose 4 triangles de camembert, croûte vers le haut, sur chaque plat.
6. Enfourne et laisse cuire pendant 25 min. Sers tiède, avec une salade de cœur de laitue à la crème moutardée, agrémentée de brins de cerfeuil.

UNE IDÉE

Tu peux remplacer le camembert par du chèvre mi-sec, du maroilles, du pont-l'évêque ou encore un brie pas trop « fait ».

LA QUESTION DE MA MÈRE

CHAMPIGNONS

EST-CE QUE JE PEUX LES PRENDRE SURGELÉS ?

Tu peux, éventuellement, mais tu dois impérativement les faire sauter jusqu'à ce qu'ils soient secs avant de les verser dans les moules, sinon ils rendraient beaucoup trop d'eau.

Cocotte d'artichauts à la crème de menthe

Une recette qui nécessite un peu de temps, car il faut « parer » les artichauts, puis faire cuire les cœurs à petits bouillons. Le jeu en vaut pourtant la chandelle, tant ces légumes, fondants et parfumés, font bon ménage avec la menthe fraîche et le parmesan. Si le temps est au beau, sers ces artichauts froids, mais jamais glacés.

Préparation 20 min **Cuisson** 35 min

Pour 4 personnes

- 12 petits artichauts violets ou poivrades
- 2 citrons (jus)
- 3 gousses d'ail
- 3 brins de menthe
- 1 petit bouquet garni : thym, laurier, persil
- 20 cl de crème fleurette (tu peux utiliser de la crème légère à 15 %)
- 70 g de parmesan
- 1 bonne pincée de poivre mignonnette
- Poivre du moulin
- 1 cuil. à café de sel fin et fleur de sel

1. Dans une grande casserole, mélange 1 litre d'eau, le jus des citrons, le bouquet garni, les gousses d'ail pelées et coupées en deux, le sel fin et du poivre mignonnette.
2. Pare les artichauts et coupe-les en deux. Retire le foin en creusant le cœur avec la pointe d'un couteau et plonge-les au fur et à mesure dans la casserole.
3. Porte le tout à ébullition, baisse le feu puis laisse cuire 35 min à petits frémissements, à couvert, en remuant les artichauts de temps en temps.
4. Coupe le parmesan en lamelles très fines avec un couteau économe.

5. Égoutte les artichauts, garde l'ail et un peu de liquide de cuisson.
6. Mixe ensemble la crème fleurette, l'ail et les feuilles de menthe, ajoute 10 cl d'eau de cuisson et verse le tout dans la casserole. Sale avec de la fleur de sel, poivre et fais chauffer légèrement. Dispose les artichauts dans les assiettes et couvre-les de sauce. Dispose des lamelles de parmesan sur les artichauts, poivre légèrement et sers avant que le fromage ne fonde.

UN CONSEIL

Utilise des gants très fins, en latex, pour éviter de te noircir les doigts en préparant les artichauts.

LA QUESTION DE MA MÈRE

ARTICHAUTS COQUETS

QUE SIGNIFIE « PARER » LES ARTICHAUTS ?

Parer, c'est préparer. Pour les artichauts, il s'agit de couper les queues à 2 cm et de peler la base, de retirer les feuilles extérieures les plus vertes, donc les plus dures, et de couper les pointes.

ARTICHAUTS ENCORE

PUIS-JE UTILISER DES GROS ARTICHAUTS BRETONS POUR CETTE RECETTE ?

C'est possible ; il faut alors faire cuire les artichauts entiers 15 min à l'eau bouillante, dégager les fonds et les accommoder avec la sauce, comme indiqué dans la recette.

PARMESAN

JE L'ACHÈTE RÂPÉ OU EN MORCEAU ?

Quelle que soit la recette, il vaut mieux acheter du parmesan en morceau et le râper ou le détailler en copeaux à la minute. Il sera bien plus frais et plus parfumé que le parmesan déjà râpé vendu en sachets, qui n'a souvent pas grand-chose à voir avec le véritable parmesan grana ou reggiano.

Petits gâteaux de foies de volaille aux oignons caramélisés

Une entrée qui « en jette ». Même mes copines, qui sont plutôt de l'école roquette-parmesan, craquent pour ces gâteaux de foies. Il faut impérativement que les foies soient ultrafrais ; pour s'en assurer, mieux vaut les commander la veille chez ton boucher. Et s'il t'a à la bonne, profites-en pour lui demander des foies blonds de Bresse, d'une incroyable finesse.

Préparation 15 min **Cuisson** 5 min

Marinade 3 h **Repos au frais** 8 h

Pour 4 personnes

- 500 g de foies de volaille
- 20 petits oignons grelots
- 1 cuil. à café de thym frais (soit environ 1 branche de thym)
- 2 cuil. à soupe d'armagnac
- 2 cuil. à soupe de porto
- 20 cl de crème fraîche épaisse
- 30 g de beurre
- 3 cuil. à soupe d'huile d'arachide
- 2 cuil. à soupe de sucre en poudre
- Sel et poivre

1. Dénerve les foies, assaisonne-les et laisse-les mariner 3 h dans le mélange armagnac et porto, au frais.
2. Au bout de ce temps, chauffe 2 cuil. à soupe d'huile dans une poêle, à feu vif, et fais sauter les foies pendant 2 min, sans les avoir égouttés, pour les colorer de tous les côtés. Retire du feu, ajoute 1 cuil. à café de thym, mélange, puis réserve 4 beaux morceaux de foie à part. Mixe le reste avec la crème fraîche et rectifie l'assaisonnement.

3. Tapisse 4 petits ramequins de film alimentaire. Verse de la préparation dans chacun d'eux et dispose au centre 1 foie entier en l'enfonçant. Entrepose 8 h au frais.

4. Prépare la sauce avant de servir : épluche les oignons et fais-les dorer dans une poêle avec la moitié du beurre et l'huile restante. Saupoudre de sucre en poudre et laisse caraméliser à feu doux. Retire les oignons de la poêle, verses-y 3 cuil. à soupe d'eau et laisse réduire à feu vif. Ajoute le reste du beurre en fouettant énergiquement, verse ce jus sur les oignons, sale et poivre.

5. Démoule les petits gâteaux et sers en accompagnement les oignons caramélisés encore tièdes.

UNE IDÉE…

Ajoute 1/2 cuil. à café de quatre-épices dans la marinade de foies.

LA QUESTION DE MA MÈRE

FOIES DE VOLAILLE

COMMENT FAIS-TU POUR LES DÉNERVER, JE N'AI JAMAIS FAIT ÇA DE MA VIE ?

Chaque foie est séparé en deux morceaux, reliés par un petit nerf. Il suffit de prendre ce nerf entre deux doigts et de suivre sa trajectoire à l'intérieur du foie de façon à le dégager. Ne crains pas d'abîmer le foie car il sera mixé ensuite.

Terrine de sardines aux pommes vertes

Voilà un plat dont je suis assez fière. Nathalie Le Foll, la prêtresse du magazine *Elle à table*, m'avait confié un article dont la gageure était : « Que faire avec une boîte de sardines ? » Consciencieusement, je me suis retirée en cuisine pour poêler, mixer, mariner, manier, marier ces petites bêtes pendant plusieurs jours. Il faut reconnaître que toutes mes trouvailles ne furent pas convaincantes. Cependant, en voulant leur apporter un peu d'acidité tout en évitant l'astringence du citron, j'ai imaginé ce gâteau aux deux pommes qui me plaît particulièrement. L'issue des expériences culinaires est toujours hasardeuse, mais quand ça marche, quel pied !

Préparation 15 min

Cuisson 1 h

Repos au frais
1 nuit

Pour 6 personnes

- 3 boîtes de sardines à l'huile en filets
- 500 g de pommes de terre rattes
- 1 grosse pomme verte
- 1 oignon
- 1 brin de menthe
- Quelques brins de ciboulette
- 1 cuil. à soupe d'huile d'olive
- Sel et poivre du moulin

1. Préchauffe le four à 180 °C (th. 6).
2. Égoutte les sardines. Pèle les pommes de terre, lave-les et sèche-les, puis coupe-les en tranches très fines. Pèle et émince de la même façon la pomme et l'oignon. Lave, effeuille et cisèle la menthe ainsi que l'équivalent de 1 cuil. à soupe de ciboulette.

3. Huile légèrement une terrine avec l'huile des sardines. Tapisse le fond avec 1/3 des tranches de pommes de terre. Dépose dessus la moitié des filets de sardines et de la menthe, sale, poivre et parsème de ciboulette. Recouvre avec la moitié des pommes de terre, puis la moitié des oignons. Renouvelle l'opération en superposant pommes de terre, sardines, menthe, pomme, oignon et termine par une couche de pommes de terre. Sale, poivre et arrose avec 1 cuil. à soupe d'huile d'olive. Couvre et fais cuire 1 h au four.

4. Sors la terrine du four et laisse-la refroidir. Pose un poids (des boîtes de conserve, par exemple) sur la terrine pour la comprimer et laisse reposer une nuit au réfrigérateur.

5. Sors la terrine du réfrigérateur au moins 30 min avant de la servir, et démoule-la aussitôt. Sers en tranches avec une salade de mâche à l'huile d'olive et au citron.

UN CONSEIL

Procède rapidement au montage de cette terrine pour éviter que les pommes ne noircissent.

LA QUESTION DE MA MÈRE

SARDINES
NE VAUT-IL PAS MIEUX LES PRENDRE FRAÎCHES ?

Bien évidemment, ce plat fait partie de mes recettes « sans marché », mais, si tu as le temps d'aller chez ton poissonnier et de lever les filets, félicitations ! Si tu utilises des filets frais, pense à les arroser d'un filet d'huile d'olive supplémentaire.

POMMES DE TERRE
ET SI JE NE TROUVE PAS DE RATTES ?

Des pommes de terre nouvelles ou des roseval feront l'affaire.

Soupe d'artichauts à la crème de truffe

Rassure-toi, on peut préparer cette recette même si l'on n'a pas de truffe à portée de bourse. Il suffit alors d'acheter du jus de truffe, bien moins onéreux, et de l'enrichir d'un trait d'huile de truffe.

Préparation 30 min
Cuisson 40 min

Pour 4 personnes

- 800 g de fonds d'artichauts frais ou surgelés
- 1 ou 2 truffes fraîches ou en conserve
- 1 citron
- 50 cl de lait demi-écrémé
- 10 cl de crème fleurette
- Huile de noix
- 4 tranches de pain de campagne
- Sel et poivre

1. Verse la crème dans un saladier pas trop grand et entrepose-la au congélateur 15 à 20 min, pas plus.
2. Fais bouillir une grande casserole d'eau salée, ajoute le citron coupé en rondelles épaisses, puis plonge-y les fonds d'artichauts. Laisse cuire 40 min à découvert.
3. Égoutte les fonds et mixe-les avec le lait. Ajoute un peu d'eau de cuisson (50 cl environ), jusqu'à obtenir la consistance d'une crème fluide, et mixe encore. Sale et poivre. Passe au tamis et garde au chaud, à feu doux.
4. Monte la crème en chantilly. Sale, poivre et ajoute le jus de la truffe si elle est en conserve. Mélange sans craindre de détendre la chantilly.

5. Toaste les tranches de pain des deux côtés. Émince les truffes en fines tranches. Badigeonne le pain d'huile de noix sur une face.

6. Sers la soupe dans des assiettes creuses, décore avec la moitié des truffes émincées, verse la chantilly en zigzag, et accompagne avec les toasts, garnis de truffes.

UNE IDÉE

Tu peux éventuellement ajouter quelques lamelles de parmesan sur les toasts chauds avant de servir.

LA QUESTION DE MA MÈRE

CRÈME

POURQUOI LA FAIS-TU REFROIDIR AVANT DE LA MONTER ?

Solidifiée par le froid, la matière grasse de la crème pourra emprisonner plus facilement les bulles d'air apportées par les mouvements du fouet.

TRUFFE

ET SI J'EMPLOIE UNE TRUFFE FRAÎCHE, OÙ PUIS-JE TROUVER LE JUS DE TRUFFE ?

Dans les épiceries fines ou les magasins spécialisés dans les produits de terroir. Mais si tu as la chance d'utiliser une truffe fraîche, sa saveur peut suffire à parfumer ta soupe.

Carpaccio de canard aux cèpes

Il n'y a rien à faire, j'ai beau essayer, j'en reviens toujours au carpaccio. Quand il fait bon, que le marché est habillé de couleurs tendres, que les odeurs chatouillent l'appétit, j'ai envie de manger de tout, tout cru ! Et ce jour-là, ce fut du magret de canard arrosé d'une simple vinaigrette ronde, sur lequel je déposai quelques cèpes tièdes, encore croquants.

Repos au frais 1 h
Préparation 20 min
Cuisson 5 à 7 min

Pour 4 personnes

- 1 magret de canard frais
- 300 g de cèpes
- 1/2 citron (jus), soit 2 cuil. à soupe environ de jus de citron
- 2 cuil. à soupe d'huile d'olive
- 3 cuil. à soupe d'huile de noisette
- 1 cuil. à soupe de vinaigre balsamique
- Sel et poivre 5 baies

1. Réserve le magret pendant 1 h au congélateur.
2. Nettoie les champignons avec un chiffon humide et coupe le pied en biseau pour enlever la partie la plus terreuse. Coupe-les en lamelles de 0,5 cm d'épaisseur.
3. Fais chauffer un peu d'huile d'olive dans une grande poêle. Pose les lamelles de champignons bien à plat, sale, poivre et laisse-les dorer à feu vif avant de les retourner. Recommence jusqu'à ce que toutes les lamelles soient cuites.

4. Pendant ce temps, émince le magret dans la longueur en tranches très fines et répartis ces tranches sur les assiettes huilées avec l'huile d'olive.

5. Mélange le vinaigre balsamique, le jus de citron, du sel, l'huile de noisette et le reste d'huile d'olive. Arrose les fines tranches de magret de cette vinaigrette, saupoudre de poivre concassé et répartis les cèpes tièdes et croustillants au centre de l'assiette.

6. Sers aussitôt.

UNE IDÉE…

On peut ajouter quelques noisettes grillées concassées. Pour gagner du temps, utilise des cèpes émincés surgelés.

LA QUESTION DE MA MÈRE

HUILE

JE N'AI PAS D'HUILE DE NOISETTE, L'HUILE DE NOIX PEUT-ELLE CONVENIR ?

Oui… Je ne vais pas faire mon grand chef.

GRAISSE

FAUT-IL RETIRER LE GRAS AVANT DE TRANCHER LE MAGRET ?

Oui, mais la bonne idée serait de le faire chauffer quelques minutes dans la poêle pour récupérer l'équivalent de 1 cuil. à soupe de graisse de canard et l'utiliser à la place de l'huile d'olive.

Croustillants de chèvre au miel et au romarin

Quelques minutes de silence… ce croustillant est une de mes premières créations. L'idée de mélanger du fromage, du miel et des fines herbes n'est pas très nouvelle, mais tout cela enfermé dans une pâte fine et croustillante fait une entrée des plus délicates. Un petit verre de bourgogne aligoté ou de pouilly-fumé, et le roi devient mon petit frère !

Préparation 20 min **Cuisson** 4 min

Pour 4 personnes

- 8 feuilles de brick
- 4 crottins frais (ou 240 g de chèvre frais)
- 50 g de beurre
- 1 cuil. à soupe de miel liquide
- 1 branche de romarin frais
- 1 branche de thym frais (ou 1 cuil. à café rase de thym séché)
- Sel et poivre du moulin

Pour la salade

- 200 g de mesclun
- 1 pomme jaune
- 2 cuil. à soupe d'huile de noix
- 1 cuil. à soupe de vinaigre de vin blanc (ou de cidre)
- Sel et poivre

1. Lave le mesclun dans une eau bien froide et essore-le. Coupe en deux les plus grandes feuilles. Prépare la vinaigrette : dans un saladier, fouette avec une fourchette le vinaigre, le sel et le poivre. Ajoute l'huile et continue de fouetter quelques secondes. Réserve.
2. Fais fondre le beurre dans une grande poêle, à feu doux.
3. Écrase à la fourchette les fromages de chèvre. Ajoute le miel et les herbes, sale et poivre. Mélange soigneusement.

4. Étale une feuille de brick sur le plan de travail. Badigeonne légèrement de beurre fondu une moitié de brick avec un pinceau (ou avec les doigts). Replie l'autre moitié pour obtenir un demi-cercle. Coupe une bande de 0,75 cm de large dans la partie arrondie. Dépose 1 cuil. à soupe de fromage au miel dans le bas de la feuille. Plie pour obtenir un triangle à angle droit, puis plie encore 2 fois pour obtenir un triangle net. Ferme en glissant la partie restée vierge entre les épaisseurs de brick. Procède ainsi pour les 7 autres croustillants. Réserve la poêle et le beurre qui reste au fond.
5. Épluche la pomme et coupe-la en dés.
6. Fais chauffer la poêle et le beurre restant à feu moyen. Fais-y dorer les croustillants 2 min sur chaque face ou jusqu'à ce qu'ils soient bien dorés.
7. Pendant ce temps, mélange le mesclun et la vinaigrette.
8. Dans chaque assiette, répartis un peu de salade, des dés de pomme et les croustillants. Ça n'attend pas !

UN CONSEIL

Veille à ce que les ballotins de chèvre soient totalement fermés, sinon le fromage pourrait se répandre dans la poêle.

Arrose les dés de pomme avec un filet de citron pour éviter qu'ils noircissent.

UNE IDÉE

Pour une saveur plus exotique, remplace les herbes par 1 cuil. à café de cumin en grains ou de paprika.

LA QUESTION DE MA MÈRE

MIEL

COMMENT LE LIQUÉFIER ?

Il suffit de le faire chauffer au micro-ondes ou à la casserole quelques minutes.

FEUILLES DE BRICK

CHAQUE FOIS QUE J'EN UTILISE, ELLES SÈCHENT AVANT MÊME QUE J'AIE FINI MA RECETTE. Y A-T-IL UNE SOLUTION ?

Mon premier conseil, c'est de ranger très vite les feuilles que tu n'utilises pas dans leur pochette. Si elles te paraissent néanmoins un peu desséchées, tamponne-les avec un torchon humide avant de les utiliser. Elles retrouveront une nouvelle souplesse.

Galettes de saumon fumé au riz sauvage

Une recette inventée pour accommoder un reste de riz sauvage. À l'arrivée, on assiste à un détournement de blinis, avec le saumon à l'intérieur. Je te conseille d'utiliser des chutes de saumon fumé, bien moins chères que les tranches. Une crème épaisse de premier choix est presque indispensable pour bien savourer ce plat.

Préparation 10 min **Cuisson** 30 min environ

Pour 6 personnes

- 150 g de saumon fumé
- 80 g de riz sauvage
- 2 œufs
- 1 cuil. à soupe de farine
- 50 g d'échalote
- 1 citron vert (jus)
- 1 cuil. à soupe rase de moutarde en grains
- 4 cuil. à soupe d'huile d'olive
- Sel et poivre

1. Fais cuire le riz dans de l'eau bouillante salée en suivant les indications données sur le paquet. Égoutte-le et réserve-le. Coupe le saumon en lanières. Hache l'échalote.
2. Mélange les jaunes d'œufs avec l'échalote hachée, la moutarde, la farine, 1 cuil. à soupe de jus de citron vert, du sel et du poivre.
3. Monte les blancs en neige avec 1 pincée de sel.
4. Ajoute à la préparation le riz, puis les lanières de saumon. Enfin, incorpore délicatement les blancs. Rectifie l'assaisonnement.
5. Façonne la pâte en petites galettes, à la main.
6. Fais chauffer la moitié de l'huile d'olive dans une grande poêle et fais cuire les galettes 2 min sur chaque face à feu vif. Garde-les au chaud dans le four tiède et fais cuire le reste au fur et à mesure avec le reste d'huile d'olive.
7. Sers sans attendre.

UN CONSEIL **Il est important de saisir les galettes à feu vif pour éviter de cuire le saumon.**

Saladerie

Rémoulade de bulots au céleri

Une traditionnelle rémoulade, égayée par quelques bulots coupés en dés. Bien sûr, l'idéal eût été de cuire soi-même les bulots et d'utiliser une mayonnaise faite maison. Si le cœur t'en dit... les palais te remercieront. Personnellement, j'ai tranché : bulots cuits, mayonnaise toute préparée (achetée au rayon frais, par pitié !), mais céleri râpé à la minute, histoire qu'il ne soit pas complètement détrempé par la sauce et qu'il garde sa fraîcheur.

Préparation 20 min
Repos 1 h
Pas de cuisson

Pour 6 personnes

- 500 g de bulots déjà cuits
- 300 g de céleri-rave
- 200 g de bulbes de fenouil
- 1/2 citron (jus)
- 4 cuil. à soupe de mayonnaise
- 2 cuil. à soupe de moutarde
- Sel et poivre du moulin

1. Décortique les bulots et coupe-les en petits morceaux.
2. Dans un bol, mélange la mayonnaise, la moutarde et le jus du 1/2 citron. Sale, poivre et mélange.
3. Pèle le céleri. Lave le fenouil et coupe le vert. Râpe le tout à la grosse grille et mélange-le à la sauce. Incorpore les bulots délicatement, rectifie l'assaisonnement et laisse reposer 1 h au frais avant de servir.

UNE IDÉE... Décore avec des pluches de fenouil et accompagne de tranches de pain de campagne grillées d'un seul côté.

LA QUESTION DE MA MÈRE

BULOTS

JE PASSE SOUVENT MES VACANCES EN NORMANDIE ET IL M'ARRIVE DE TROUVER DES BULOTS VIVANTS AU MARCHÉ. COMMENT FAIRE POUR LES CUIRE MOI-MÊME ?

Après les avoir rincés dans plusieurs eaux, plonge-les dans un court-bouillon bien corsé (sel, poivre, thym, laurier, oignon) et laisse cuire 20 min, pas davantage : ils risqueraient alors de devenir caoutchouteux.

Salade de carottes aux tomates caramélisées

Une salade cuite très inspirée par les saveurs de la médina. J'aime bien servir cette entrée avec d'autres salades exotiques : asperges aigres-douces (p. 60), oranges aux oignons et aux olives noires (p. 61), pois chiches à la menthe, poivrons confits à l'huile d'olive. Rien à faire que poser sur la table et prévoir un beau plateau de fromages.

Préparation 20 min **Cuisson** 1 h

Pour 4 personnes

- 600 g de carottes
- 1 kg de tomates bien mûres
- 1 gousse d'ail
- 2 cuil. à soupe de sucre en poudre
- 1 cuil. à café de cannelle en poudre
- 1/2 cuil. à café de graines de cumin
- 30 g de graines de sésame
- 3 cuil. à soupe d'huile d'olive
- 1 cuil. à soupe de vinaigre de vin rouge
- Sel et poivre

1. Plonge les tomates 10 s dans l'eau bouillante, rafraîchis-les et retire leur peau. Vide-les de leurs graines en les pressant entre tes doigts et concasse la chair.

2. Fais chauffer 2 cuil. à soupe d'huile d'olive dans une sauteuse, ajoute l'ail haché, la cannelle et les graines de cumin, laisse blondir 3 min, puis saupoudre de sucre en poudre. Laisse caraméliser quelques minutes.
3. Verse la chair des tomates, sale, poivre et laisse mijoter 15 min à découvert, à feu moyen.
4. Pendant ce temps, pèle les carottes et coupe-les en rondelles de 0,5 cm d'épaisseur. Ajoute-les aux tomates et laisse cuire encore 45 min, à couvert et à petit feu.
5. 10 min avant la fin de la cuisson, verse le vinaigre et laisse cuire sans couvercle.
6. Laisse refroidir, ajoute 1 cuil. à soupe d'huile d'olive et les graines de sésame que tu auras fait dorer dans une poêle à sec.
7. Sers cette salade à température ambiante.

UN CONSEIL **Prépare cette salade la veille, laisse-la reposer une nuit au réfrigérateur et sers-la à température ambiante.**

Salade d'asperges aigres-douces

Un classique de l'été. Cette salade, d'inspiration libanaise, provoque toujours son petit effet sur la tablée. « Oh, ce petit goût ! », « Et qu'est-ce qu'il y a dedans, au juste ? », « C'est facile à faire ?... ». Pas franchement compliqué, mais le petit truc, c'est de la préparer au moins 24 h à l'avance, afin de la laisser reposer au frais et de la servir à température ambiante.

Préparation 15 min **Cuisson** 25 min

Repos 24 h

Pour 4 personnes

- 1 kg d'asperges vertes
- 1 oignon rouge
- 1 citron (jus)
- 2 cuil. à soupe de raisins de Corinthe
- 2 cuil. à soupe de pignons
- 1/2 cuil. à café de graines de cumin
- 4 cuil. à soupe d'huile d'olive
- 2 cuil. à soupe de vinaigre de vin blanc (ou de cidre)
- 1 cuil. à soupe de sucre en poudre
- Sel et poivre

1. Pèle et émince finement l'oignon. Fais chauffer 3 cuil. à soupe d'huile d'olive dans une poêle et fais fondre les oignons, à feu doux, pendant 5 min.
2. Pendant ce temps, lave et sèche les asperges. Coupe le bout des tiges pour qu'il ne reste plus que du vert. Coupe et réserve les pointes. Taille les tiges en biseau et en bâtonnets de 2 cm de long.
3. Verse les bâtonnets d'asperges dans la poêle avec les oignons, et fais-les cuire 10 min à feu moyen en remuant souvent. Ajoute les pointes d'asperges, les raisins, le sucre en poudre, les graines de cumin, 2 cuil. à soupe de jus de citron, le vinaigre, du sel et du poivre. Remue

bien et laisse cuire encore 7 min, toujours à feu moyen. Réserve dans un plat creux. Fais dorer les pignons dans la poêle à sec et répartis-les sur la salade.

4. Sers tiède ou froid, arrosé de 1 cuil. à soupe d'huile d'olive.

LA QUESTION DE MA MÈRE

UNE VARIANTE ? **FRANCHEMENT, JE DÉTESTE LES ASPERGES, EST-CE QUE JE PEUX UTILISER D'AUTRES LÉGUMES ?**

Tu peux les remplacer par des petites courgettes bien fermes.

Salade d'oranges aux oignons et aux olives noires

Deuxième fruit le plus consommé en France après la pomme, les oranges font un carton ! L'orange est surtout utilisée pour son jus. Fruit d'hiver par excellence, on la trouve néanmoins toute l'année sur les étals. Dans cette salade, elle tient le haut de l'affiche et doit donc être choisie avec vigilance : navels ou sanguines, les meilleures oranges sont denses, lourdes, révélant une écorce ferme et épaisse sous une peau bien lisse.

Préparation 20 min **Pas de cuisson**

Pour 4 personnes

- 5 oranges de table (navels)
- 1 oignon rouge
- 1/2 citron (jus)
- 4 ou 5 radis
- 1 brin de coriandre
- 1 douzaine d'olives noires
- 2 cuil. à soupe d'huile d'olive
- 1 cuil. à soupe rase de miel liquide
- 1 pointe de piment de Cayenne
- Fleur de sel et poivre mignonnette

1. Pèle les oranges à vif. Coupe des rondelles de 0,5 cm d'épaisseur en allant du haut vers le bas. Dépose-les dans un plat évasé. Pèle l'oignon et émince-le en très fines lamelles que tu répartiras sur les oranges. Lave les radis et découpe-les en petits bâtonnets comme des allumettes. Dispose-les dans le plat.
2. Dans un bol, fouette le jus de citron avec de la fleur de sel, le piment et le miel. Incorpore l'huile d'olive.
3. Verse le tout sur les oranges. Décore avec des pluches de coriandre et les olives noires.
4. Poivre légèrement et propose à table à température ambiante.

UNE IDÉE…

Pour une présentation encore plus raffinée, détache chaque quartier d'orange et pèle-les à vif.

Sers cette salade sur un lit de feuilles de radis.

LA QUESTION DE MA MÈRE

MIEL
COMMENT FAIS-TU POUR LE LIQUÉFIER ?

Il suffit de le faire chauffer quelques minutes au micro-ondes ou à la casserole.

Salade d'endives aux ravioles croustillantes

J'ai toujours un paquet de ces petits « bonbons » fourrés au fromage dans mon congélateur. Quand on a oublié de faire le marché, rien n'est perdu ! Juste ébouillantés, généreusement poivrés et arrosés de crème fleurette, ils remonteraient le moral à plus d'un célibataire. Ici, ils jouent le croustillant, soufflés dans l'huile chaude. En salade, mais délicieux aussi tels quels à l'apéro…

Préparation 10 min
Cuisson 10 min

Pour 4 personnes

- 4 endives
- 4 brins de cerfeuil
- 200 g de ravioles du Royans
- 2 cuil. à soupe de vinaigre de vin blanc (ou de cidre)
- 3 cuil. à soupe d'huile d'olive
- 10 cl d'huile de pépins de raisin
- 1 cuil. à café de sucre en poudre
- Sel et poivre

1. Nettoie les endives avec un linge humide et retire l'intérieur du pied en creusant avec un petit couteau. Coupe chaque endive en deux et émince-les en grosses lanières.
2. Fais chauffer 1 cuil. à soupe d'huile d'olive dans une sauteuse et fais dorer les endives 1 min sans cesser de remuer. Ajoute 1 verre d'eau et 1 cuil. à soupe de vinaigre, verse le sucre en poudre et porte à ébullition.

Laisse mijoter 5 min à feu doux, à découvert. Les endives doivent rester croquantes. Égoutte-les si nécessaire, sale, poivre. Arrose avec le reste d'huile d'olive et de vinaigre, mélange et réserve.

3. Fais chauffer l'huile de pépins de raisin dans une sauteuse. Détache les ravioles les unes des autres et fais-les frire quelques secondes, jusqu'à ce qu'elles commencent à dorer. Retire-les à l'écumoire. Égoutte-les sur du papier absorbant et dépose-les sur les endives. Décore avec des pluches de cerfeuil et sers immédiatement.

LA QUESTION DE MA MÈRE

RAVIOLES OU RAVIOLIS ?

EST-CE QUE JE PEUX REMPLACER LES RAVIOLES PAR DES RAVIOLIS ? SINON, OÙ PUIS-JE EN TROUVER ?

Les ravioles sont confectionnées avec une pâte fine et très souple qui permet de les cuire sans eau. Il vaut mieux ne pas les remplacer par des raviolis : ils resteraient crus et seraient très indigestes. Tu trouveras des ravioles au fromage chez les fromagers, mais aussi de plus en plus fréquemment dans les grandes surfaces (rayon frais) et dans les magasins de produits surgelés. Un bon truc à avoir toujours dans son congélateur, ça cuit en 1 min, tu ajoutes un peu de crème, de fromage et de poivre et tu mets tout le monde d'accord.

Salade de pâtes au magret et aux haricots verts

Un conseil : prépare un grand plat de pâtes au magret que tu serviras chaud et assaisonne le reste avec un filet de vinaigre pour servir cette jolie salade le lendemain. C'est la cuisine « 2 en 1 ».

Préparation 10 min
Cuisson 15 min env.

Pour 4 personnes

- 300 g de penne
- 300 g de haricots verts
- 1/2 bouquet de ciboulette
- 1 magret de canard séché coupé en tranches
- 60 g de mimolette extra-vieille
- 60 g de pistaches décortiquées non salées
- 1 cuil. à soupe d'huile de pistache ou de pignon
- 1 cuil. à soupe de vinaigre de vin
- Sel et poivre

1. Lave, sèche et éboute les haricots verts.
2. Porte à ébullition une grande casserole d'eau salée et fais cuire les haricots pendant 3 min. Ajoute les pâtes et laisse cuire le tout *al dente*.
3. Retire les lamelles de graisse du magret et fais-les dorer dans une grande sauteuse à feu vif pendant 3 min. Ajoute les pistaches légèrement concassées et laisse dorer 5 min à feu moyen jusqu'à ce qu'elles croustillent. Laisse refroidir.
4. Lave et cisèle la ciboulette.

5. Égoutte les pâtes et les haricots et rafraîchis-les sous un filet d'eau froide.
6. Dans un grand saladier, mélange le vinaigre, du sel, du poivre et l'huile de pistache. Verses-y les pâtes, ajoute les tranches de magret, les fritons et leur graisse, 1 cuil. à soupe de ciboulette ciselée et le fromage en éclats, sale et poivre à nouveau.
7. Sers froid mais pas glacé.

UN CONSEIL

Pour un plat plus léger, n'utilise pas le gras des magrets. Très complète, cette salade peut sans problème constituer un plat principal.

LA QUESTION DE MA MÈRE

CUISSON

COMMENT ÊTRE SÛRE DE LA CONCORDANCE DES CUISSONS ENTRE HARICOTS ET PENNE ?

Je reconnais que c'est un tour de main pas facile à apprivoiser mais bien utile pour gagner du temps. La première fois que tu cuisines ce plat, mieux vaut procéder en deux cuissons séparées (ou successives) pour évaluer les temps de cuisson idéaux. Dans tous les cas, sache que plus tes haricots sont frais et fins, moins ils nécessitent de cuisson.

Salade de céleri au roquefort et au miel

Peler le céleri-rave peut paraître une opération un peu fastidieuse. Il faut retirer l'écorce, puis creuser les « yeux » imprimés dans la chair. Mais quelle récompense lorsque l'on déguste cette chair juteuse et croquante, dont le léger parfum de noisette se marie parfaitement avec celui du roquefort. Ne t'en prive pas : très peu calorique, le céleri-rave est bien plus digeste que le céleri-branche, surtout quand il n'est pas inondé de mayonnaise. Autre avantage, cette salade peut être préparée sans problème quelques heures à l'avance.

Préparation 15 min

Pas de cuisson

Pour 4 personnes

- 500 g de céleri-rave
- 1/2 citron (jus)
- 1 bonne poignée de cerneaux de noix
- 100 g de roquefort
- 4 cuil. à soupe d'huile de noix
- 1 cuil. à café de moutarde forte
- 1 cuil. à soupe de vinaigre de xérès
- 1 cuil. à soupe de miel
- Sel et poivre du moulin

1. Dans un bol, fouette ensemble le miel, le vinaigre, 1 cuil. à soupe de jus de citron, la moutarde, du sel et du poivre, puis ajoute l'huile de noix sans cesser de fouetter.
2. Pèle le céleri, creuse pour retirer les « yeux » et râpe-le à la grosse grille. Arrose-le de vinaigrette, mélange et dispose dans les assiettes.

3. Coupe le roquefort en larges et fines lamelles, couvres-en la salade, ajoute les cerneaux de noix, poivre à nouveau avant de servir.

UNE IDÉE… Achète du céleri déjà râpé en sachet.

LA QUESTION DE MA MÈRE

MIEL
COMMENT FAIS-TU POUR LE LIQUÉFIER ?
Il suffit de le faire chauffer au micro-ondes ou à la casserole quelques minutes.

CÉLERI
PEUT-ON LE RÂPER À L'AVANCE ET L'ASSAISONNER AU DERNIER MOMENT ?
Non, car c'est un légume qui s'oxyde rapidement à l'air libre. Pour éviter cela, il faut ajouter un liquide acide (vinaigre ou citron) juste après l'avoir râpé.

ROQUEFORT
COMMENT FAIS-TU POUR LE COUPER EN « FEUILLES », COMME TU DIS ?
Il existe des mandolines (ou raclettes) à fromage qui permettent de couper le fromage en fines tranches. Si tu n'en as pas, entrepose le roquefort au congélateur pendant 1 h et découpe-le avec un couteau à lame fine.

Salade de haricots verts aux noisettes

Selon les saisons, on trouve des haricots verts d'origines très différentes : du Kenya ou du Sénégal en plein hiver, de France l'été ou d'Espagne dès l'automne. Pas de discrimination, ton choix doit avant tout se porter sur les plus jeunes, tout frais cueillis, extra-fins, bien cassants et encore humides.

Préparation 10 min
Cuisson 10 min

Pour 4 personnes

- 600 g de haricots verts fins
- 1/2 bouquet de ciboulette
- 40 g de noisettes décortiquées et pelées
- 2 œufs
- 3 cuil. à soupe d'huile de noisette
- 2 cuil. à soupe de vinaigre de cidre
- Sel et poivre

1. Porte à ébullition une grande casserole d'eau salée.
2. Pendant ce temps, lave les haricots verts et éboute-les. Plonge-les dans l'eau bouillante ainsi que les œufs et compte 8 à 10 min dès la reprise de l'ébullition.
3. Fais dorer les noisettes dans une poêle sèche. Laisse-les tiédir et retire leur peau en les roulant dans tes mains. Concasse-les grossièrement.
4. Prépare la vinaigrette avec le vinaigre de cidre, du sel, du poivre et l'huile de noisette.
5. Lave, sèche et hache la ciboulette.
6. Égoutte les haricots et les œufs. Écale les œufs, écrase-les à la fourchette et ajoute la ciboulette à ce hachis.

Mélange les haricots encore tièdes avec la vinaigrette et les noisettes. Parsème la salade du hachis d'œufs et sers sans attendre.

LA QUESTION DE MA MÈRE

HUILE

JE TROUVE LE GOÛT DE L'HUILE DE NOISETTE UN PEU PUISSANT, EXISTE-T-IL UNE FAÇON DE RENDRE SA SAVEUR PLUS DISCRÈTE ?

Tu peux mélanger 2 cuil. à soupe d'huile de pépins de raisin et 1 cuil. à soupe d'huile de noisette, ou encore utiliser seulement de l'huile d'olive.

PRESQUE UN plat

Galette de pommes de terre au confit de canard

Appelée « crique » en Ardèche, *placki* en Pologne ou *rösti* en Suisse, cette galette de pommes de terre est une bonne façon de profiter des pommes de terre sans les noyer sous la matière grasse comme l'imposent les pommes de terre sautées, frites ou en purée. Si tu retires le confit, ce plat complet devient l'accompagnement idéal des viandes ou des volailles rôties.

Préparation 20 min

Cuisson 30 min

Pour 4 personnes

- 2 cuisses de canard confites
- 4 grosses pommes de terre (charlotte, BF 15 ou bintje)
- 1/2 gousse d'ail
- 2 brins de persil plat
- Sel et poivre

1. Pèle et râpe les pommes de terre à la grosse grille. Écrase l'ail. Lave, sèche et cisèle le persil.
2. Fais fondre le confit dans sa graisse à feu doux dans une casserole, égoutte les cuisses, ôte la peau et effeuille la chair entre tes doigts. Réserve la graisse.
3. Mélange l'ail écrasé, le persil ciselé, la viande et les pommes de terre râpées, sale et poivre généreusement.
4. Fais chauffer dans une grande poêle 1 cuil. à soupe de la graisse de canard réservée et verse le mélange aux pommes de terre. Tasse bien et ajoute 2 cuil. à soupe de graisse par-dessus. Couvre et laisse cuire 10 min à feu doux. Retire le couvercle et fais cuire encore 5 min à feu

vif. Recouvre la galette d'une grande assiette plate et retourne-la d'un geste sec. Laisse cuire encore 15 min.

5. Sers chaud ou froid, avec une salade verte relevée d'une vinaigrette moutardée.

LA QUESTION DE MA MÈRE

POMMES DE TERRE
DOIS-JE LES LAVER AVANT DE LES FAIRE CUIRE ?

Non, surtout pas, cela éliminerait l'amidon qui leur permet de « coller » et de former une galette.

Bagels au poulet fumé et cornichons doux

Les bagels désignent ces curieux pains ronds, troués au centre, dont les Américains sont si friands. Légèrement sucrés, ils s'accommodent de saveurs sucrées (terrible avec du sirop d'érable) mais remplacent avantageusement le pain de mie ou même les burgers. L'Amérique en a fait un classique indissociable du saumon fumé et de la crème épaisse (bagel-cream cheese-and lox), mais rien ne t'empêche d'y déposer ce que l'appétit t'en dit.

Préparation 10 min **Pas de cuisson**

Pour 4 personnes

- 4 bagels
- 12 tranches de poulet fumé
- Quelques pousses d'épinards
- 1 tomate
- 2 cuil. à soupe d'oignons frits (dans le commerce)
- 100 g de fromage frais
- 2 gros cornichons aigres-doux (polonais)
- 2 cuil. à soupe de moutarde douce (de type Savora) au miel ou aux fruits
- Sel et poivre

1. Allume le gril du four.
2. Lave et sèche les pousses d'épinards. Coupe la tomate et les cornichons en rondelles pas trop fines. Mélange le fromage frais avec la moutarde, un peu de sel et de poivre.
3. Toaste légèrement les bagels sous le gril en les posant côté coupé vers le haut.
4. Badigeonne les bagels sur les deux faces de fromage moutardé, parsème une des faces d'oignons frits, dépose par-dessus des tranches de poulet, des rondelles de tomate et de cornichon et des pousses d'épinards, termine par la moitié du bagel et presse légèrement.
5. Sers sans attendre.

UN CONSEIL

Si tu ne trouves pas de cornichons à l'aigre-douce, remplace-les par de petits cornichons au vinaigre.

LA QUESTION DE MA MÈRE

BAGELS
OÙ EN TROUVE-T-ON EN FRANCE ?

Depuis deux ou trois ans, on les trouve plus facilement, dans les épiceries anglo-saxonnes, les magasins de produits surgelés et même certaines grandes surfaces.

Velouté de chou-fleur au lard croquant

Le prototype de la soupe d'hiver qui embaume la maison et brûle les palais. Choisis un chou-fleur d'un blanc immaculé, bien ferme et exempt de taches.

Préparation 10 min

Cuisson 30 min

Pour 4 personnes

- 1 chou-fleur
- 1 échalote
- 1 litre de lait entier
- 20 g de beurre
- 4 tranches fines de lard fumé
- 1 pincée de noix muscade en poudre
- Sel et poivre blanc

1. Allume le gril du four, à sa température maximale. Pèle et hache l'échalote.
2. Fais fondre l'échalote hachée avec le beurre dans une casserole. Ajoute le lait et porte à ébullition. Sale légèrement.
3. Retire le vert et les tiges dures du chou-fleur. Sépare-le en bouquets. Plonge-le dans le liquide bouillant et laisse cuire à petit bouillon pendant 30 min.
4. Pendant ce temps, fais cuire 2 min les tranches de lard, en les plaçant à 10 cm environ sous le gril du four, jusqu'à ce qu'elles soient croustillantes.
5. Retire le chou-fleur du feu, mixe finement, ajoute la noix muscade. Poivre bien et fais réchauffer quelques instants à feu doux.
6. Verse le velouté dans des assiettes creuses et émiette le lard au-dessus. Sers aussitôt.

UN CONSEIL

Pour une soupe plus légère, utilise du lait demi-écrémé.

La meilleure façon d'obtenir des tranches de lard bien croustillantes est de les superposer entre des feuilles de papier absorbant et de les passer sous le gril du four pendant 20 s, puissance maximale.

LA QUESTION DE MA MÈRE

CHOU-FLEUR

COMMENT CONSERVER SA BLANCHEUR ?

Il suffit d'ajouter un filet de citron en fin de cuisson.

Quiche aux poireaux et aux girolles

Une quiche qui constitue tout un repas si on l'accompagne d'une salade verte bien croquante. Pour varier la présentation, tu peux également faire cuire cette tarte façon tatin en déposant les légumes dans le fond du moule avant de les recouvrir de pâte.

Préparation 15 min **Cuisson** 60 min

Pour 6 personnes

- 1 rouleau de pâte brisée prête à dérouler
- 2 poireaux
- 300 g de girolles
- 1/2 bouquet de ciboulette
- 4 œufs
- 20 g de beurre
- 15 cl de crème fraîche épaisse
- 100 g de lardons fumés
- Sel et poivre du moulin
- Légumes secs ou noyaux d'abricots pour faire cuire la pâte

1. Préchauffe le four à 200 °C (th. 6-7).
2. Beurre un moule à tarte avec 10 g de beurre.

3. Porte une casserole d'eau salée à ébullition.

4. Coupe le vert et les racines des poireaux. Émince le blanc en rondelles de 1,5 cm de large. Tu dois obtenir 400 g de poireaux émincés. Lave-les et fais-les cuire 15 min à l'eau bouillante. Égoutte-les et presse-les bien à fond.

5. Dépose la pâte dans le moule en la laissant sur son papier sulfurisé. Recouvre la pâte de papier sulfurisé et de légumes secs et fais cuire 15 min.

6. Nettoie les girolles avec un linge humide. Coupe les plus grosses en deux.

7. Fais rissoler les lardons et les girolles dans le reste du beurre chaud 5 min à feu vif. Ajoute la ciboulette ciselée, sale, poivre et réserve.

8. Mélange la crème fraîche avec les œufs.

9. Dans un saladier, mélange les poireaux, les lardons, les girolles et la crème aux œufs. Rectifie l'assaisonnement. Verse sur la pâte. Fais cuire la tarte 30 min à 180 °C (th. 6).

10. Démoule et sers chaud ou tiède.

UNE IDÉE

N'hésite pas à remplacer la crème fraîche par un peu de béchamel.

Soufflé aux brocolis et au chèvre frais

Lors des dîners de copines, j'ai presque toujours pour mission de préparer un soufflé au fromage. Sans prévenir, j'ai décidé un jour de varier les plaisirs en remplaçant le sempiternel comté par du chèvre frais et en y ajoutant un peu de verdure. Désormais, les copines me réclament le soufflé « bizarre de la dernière fois »... Une habitude chasse l'autre !

Préparation 15 min
Cuisson 40 min

Pour 6 personnes

- 1 brocoli
- 150 g de chèvre plutôt frais
- 8 blancs d'œufs
- Pour la béchamel
- 50 g de beurre + 20 g pour le moule
- 50 g de farine
- 60 cl de lait demi-écrémé
- 5 jaunes d'œufs
- 1 bonne pincée de noix muscade en poudre
- Sel et poivre

1. Préchauffe le four à 210 °C (th. 7).
2. Prépare la béchamel : fais fondre le beurre dans une casserole, jette la farine en pluie d'un seul coup, remue vivement et laisse épaissir 1 min sans cesser de remuer. Ajoute le lait petit à petit en remuant constamment. Incorpore les jaunes d'œufs, sale, poivre et ajoute la noix muscade.
3. Détache les bouquets du brocoli. Fais-les cuire dans de l'eau bouillante salée pendant 5 min, égoutte et coupe-les grossièrement.

4. Ajoute dans la béchamel le chèvre écrasé, puis les morceaux de brocolis.

5. Monte les blancs en neige avec une pincée de sel, incorpore-les à la préparation et verse-la dans un moule à soufflé beurré. Enfourne et laisse cuire 15 min. Baisse la température à 180 °C (th. 6) et laisse cuire encore 15 min.

6. Sers aussitôt.

UN CONSEIL

Si tu as la chance de trouver des petits brocolis, fais-les cuire entiers à la vapeur : les bouquets se détacheront très facilement ensuite.

Choisis un chèvre frais mais pas trop fade.

PAS d'ici

Bœuf mandarin aux petits pois

Pas grand-chose à voir avec les hauts fonctionnaires de l'Empire chinois… Ce bœuf doit plutôt son nom aux zestes de mandarine avec lesquels il marine. Je trouvais le terme plaisant et exotique, mais tu peux très bien remplacer la mandarine par une orange non traitée.

Préparation 10 min **Cuisson** 5 min

Marinade 15 min

Pour 4 personnes

- 600 g de bœuf (rumsteck ou entrecôte)
- 400 g de petits pois écossés (ou 800 g de petits pois en cosse)
- 1 mandarine non traitée
- 1 cuil. à soupe de gingembre frais haché
- 1 cuil. à soupe de graines de sésame
- 1 cuil. à soupe bombée de sucre en poudre
- 2 cuil. à soupe de sauce soja
- 2 cuil. à soupe de xérès
- 1 cuil. à soupe d'huile de sésame
- 1 cuil. à soupe d'huile d'arachide
- Sel et poivre blanc

1. Dégraisse la viande et coupe-la en lamelles d'1 cm d'épaisseur. Dans un plat creux, mélange la sauce soja, le xérès, le sucre, 1 cuil. à soupe de gingembre pelé et haché, le zeste râpé de la mandarine et l'huile de sésame. Verse le tout sur le bœuf et laisse mariner 15 min.
2. Chauffe l'huile d'arachide dans une grande poêle ou un wok. Fais sauter le bœuf et les petits pois à feu vif pendant 2 min. Ajoute 4 cuil. à soupe d'eau, baisse le feu et

continue la cuisson 3 min. Poivre généreusement. Il est inutile de saler, le soja suffit.

3. Sers bien chaud, saupoudré de graines de sésame.

UN CONSEIL

Mets la mandarine 30 min au congélateur pour la raffermir. Veille bien à ne pas râper la partie blanche située entre la peau et la pulpe.

LA QUESTION DE MA MÈRE

AGRUMES

COMMENT ÊTRE SÛRE QUE LA MANDARINE N'A PAS ÉTÉ TRAITÉE ?

Les fruits non traités après récolte bénéficient d'une petite étiquette ou d'une enveloppe en papier le spécifiant.

Brick à l'œuf et au thon

La brick à l'œuf est un peu le jambon-beurre de la Tunisie, on en trouve à tous les coins de rue, cuite à la minute, pour le bonheur des autochtones comme celui des touristes. La réussite de cette recette réside avant tout dans la rapidité d'exécution, pour que l'œuf n'ait pas le temps de détremper la pâte. Autre impératif : l'huile doit être bien chaude (pas fumante non plus) pour que la pâte soit saisie et n'absorbe pas trop de matière grasse.

Préparation 10 min
Cuisson 4 min

Pour 4 personnes

- 4 feuilles de brick
- 4 œufs
- 400 g de thon à l'huile d'olive
- 1/4 bouquet de coriandre
- 1 cuil. à café de paprika
- 15 cl d'huile de friture
- Sel et poivre

1. Fais chauffer l'huile dans une grande poêle.
2. Mets le thon avec 1 cuil. à soupe de son huile dans un plat creux. Ajoute le paprika, 1 cuil. à café de coriandre hachée, du sel et du poivre, et mélange soigneusement.
3. Détache les feuilles de brick de leur papier. Au centre de chacune, dépose 1/4 du thon, creuse un puits et casse 1 œuf. Sale, poivre et replie comme un chausson. Fais glisser 1 brick dans l'huile chaude en la tenant par les bords. Laisse dorer 30 s, retourne-la délicatement et retire-la dès que le second côté est doré.
4. Dépose-la sur une feuille de papier absorbant et procède de la même façon pour les 3 autres bricks.
5. Sers immédiatement, avec une salade de cresson au citron et à l'huile d'olive.

UNE IDÉE…

À grignoter avec une pointe de harissa et accompagné d'un sancerre blanc.

Tajine de poisson aux herbes et aux olives

Rien de plus simple que ce plat. Je ne te surprendrai pas en te disant que, plus le temps de marinade est long, plus le plat sera parfumé. Pour une saveur plus douce, remplace l'ail par deux gros oignons que tu feras fondre dans l'huile d'olive.

Préparation 10 min **Cuisson** 45 min
Marinade 30 min
Pour 6 personnes

- 6 darnes de poisson blanc (pageot, dorade, cabillaud, merlu)
- 3 oignons
- 5 gousses d'ail
- 1 citron (jus)
- 1 gros bouquet de coriandre
- 1 petit bouquet de persil plat
- 200 g d'olives violettes dénoyautées
- 4 cuil. à soupe d'huile d'olive
- 1 grosse cuil. à soupe de gingembre en poudre
- 1 cuil. à café de safran en poudre
- Sel et poivre

1. Lave et sèche les morceaux de poisson. Lave et effeuille les herbes. Pèle les gousses d'ail et les oignons. Hache ensemble, au mixeur si tu préfères, oignon, ail et herbes jusqu'à l'obtention d'une purée.
2. Ajoute le jus de citron, l'huile d'olive, du sel, du poivre et les épices. Place un peu de cette marinade dans une cocotte, dépose les darnes de poisson, et couvre avec le reste de marinade. Laisse mariner 30 min au moins.
3. Retire le poisson de la cocotte et place-la sur le feu. Fais cuire la marinade 20 min, à feu moyen. Ajoute le poisson et les olives et laisse cuire encore 20 à 25 min.

4. Sers bien chaud, accompagné de boulghour aux raisins secs et à la cannelle.

UNE IDÉE

Tu peux très bien utiliser ton plat à tagine rapporté de Marrakech. Dans ce cas, évite de le poser sur le feu, il risquerait de se briser. Fais cuire les condiments à la poêle, répartis-les dans le plat, dépose le poisson, couvre et fais cuire au four à 160 °C (th. 5-6) pendant 15 min. Et surtout, n'oublie pas de verser de l'eau dans le creux situé au sommet du chapeau pour apporter un peu d'humidité.

LA QUESTION DE MA MÈRE

BOULGHOUR

JE NE SAIS PAS COMMENT ÇA SE PRÉPARE ! Le boulghour est un blé séché et concassé très utilisé dans la cuisine du Moyen-Orient. Il se cuit dans une grande quantité d'eau bouillante (environ trois fois son volume), jusqu'à ce que celle-ci soit évaporée. Ajoute les raisins secs et la cannelle 3 min avant la fin de la cuisson pour les réhydrater.

Colombo d'agneau

La poudre de colombo est un mélange d'épices antillais. Il associe en général coriandre, curcuma, ail séché, piments et moutarde. Ici, il est utilisé avec de l'agneau, comme de la poudre de curry. Le colombo est indissociable du piment antillais, mais gare… ce piment est une véritable bombe, il faut le laisser infuser dans la casserole mais ne jamais le hacher, ni même le presser. J'aime bien cette recette car elle n'oblige pas à rester devant ses fourneaux toute la soirée !

Préparation 10 min

Cuisson 1 h 30

Pour 4 personnes

- 1 kg de collier et d'épaule d'agneau
- 2 oignons
- 2 courgettes
- 1 aubergine
- 3 patates douces
- 2 cuil. à soupe d'huile d'arachide ou de tournesol
- 2 feuilles de laurier
- 1 piment antillais
- 2 cuil. à soupe de colombo
- Sel et poivre

1. Fais dorer la viande sur toutes ses faces dans une cocotte avec 1 cuil. à soupe d'huile. Pèle et émince les oignons. Retire la viande, verse les oignons émincés ainsi que la poudre de colombo. Mélange et laisse fondre 5 min. Ajoute la viande et les feuilles de laurier, sale, poivre, verse un petit verre d'eau et mélange bien. Laisse cuire à couvert, 40 min, à petit feu.
2. Préchauffe le four à 200 °C (th. 6-7).
3. Pèle les patates douces et coupe-les en rondelles de 2 cm de large puis coupe chaque rondelle en deux, afin d'obtenir des demi-cercles. Réserve-les à part.

4. Lave et sèche les courgettes et l'aubergine. Coupe-les comme les patates douces et mets-les dans la cocotte, mélange légèrement et dépose délicatement le piment entier dans un coin de la cocotte, de façon à ce qu'il infuse sans éclater. Laisse cuire encore 45 min, à couvert et à feu doux.
5. Pendant ce temps, place les morceaux de patates douces dans un plat allant au four, arrose avec 1 cuil. à soupe d'huile, sale légèrement et enfourne. Laisse cuire 30 min en mélangeant à mi-cuisson.
6. Retire le piment et le laurier de la cocotte et sers bien chaud, avec les quartiers de patates douces à part.

UNE IDÉE

Remplace l'agneau par du poulet ou du poisson à chair ferme (mérou, lotte, dorade, thon...).

LA QUESTION DE MA MÈRE

POUDRE DE COLOMBO
OÙ PEUT-ON EN TROUVER ? Dans les épiceries exotiques ou les comptoirs d'épices des grandes surfaces.

Gratin de sardines aux raisins secs

Je déplore que l'on ne s'intéresse pas davantage à ces petits poissons de mer, bien plus goûteux que nombre de poissons blancs vendus à prix d'or. Si l'on craint leur odeur, il est bon de savoir qu'elle est deux fois moins vive si on les cuit au four plutôt qu'au gril ou au barbecue. De plus, les sardines se prêtent à tous les mariages : simplement poêlées au beurre demi-sel, frites au cumin comme au Maroc ou farcies aux fruits secs comme dans ma cuisine. Pourquoi se priver ?

Préparation 15 min **Cuisson** 25 min

Pour 4 personnes

- 16 filets de sardines ou 8 sardines entières
- 3 brins de coriandre
- 1 citron
- 3 cuil. à soupe de pignons
- 3 cuil. à soupe de raisins secs
- 4 cuil. à soupe de chapelure
- 3 cuil. à soupe d'huile d'olive
- 1/2 cuil. à café de gingembre en poudre
- Sel et poivre

1. Préchauffe le four à 180 °C (th. 6).
2. Lève les filets de sardines, passe-les sous l'eau tiède et essuie-les avec du papier absorbant.
3. Mixe les pignons et les raisins secs par à-coups pour obtenir une purée grossière, ajoute la coriandre ciselée, le gingembre, 1 cuil. à soupe d'huile d'olive, du sel et du poivre.
4. Huile un plat allant au four et déposes-y la moitié des filets bien à plat, côté chair vers le haut, répartis la farce sur chaque filet, couvre avec le reste des filets de façon

à reconstituer les sardines. Saupoudre de chapelure et arrose avec 1 cuil. à soupe d'huile d'olive.

5. Enfourne 25 min et passe-les éventuellement quelques minutes sous le gril.

6. Ajoute quelques quartiers de citron, et c'est prêt !

La question de ma mère

FILETS

EST-CE QUE JE PEUX DEMANDER À MON POISSONNIER DE LEVER LES FILETS DE SARDINES À MA PLACE ?

S'il est de bonne humeur ou si tu lui as acheté un bar de ligne la veille, tente le coup, sinon, rien ne l'oblige à le faire. Il suffit de détacher la tête et de faire glisser ton doigt le long de l'arête pour la retirer plus facilement. Sépare ensuite les deux filets, lave-les brièvement et éponge-les.

Pavés de lieu jaune à la bière

Noir ou jaune, le lieu est un poisson d'hiver qui offre une chair fine et friable, ce qui impose une cuisson courte. En guise de court-bouillon, j'utilise une bière douce et parfumée qui trouvera naturellement sa place à table.

Préparation 15 min
Cuisson 20 min

Pour 4 personnes

- 4 pavés de lieu jaune
- 2 poireaux (ou 4 petits poireaux de printemps)
- 2 échalotes
- 1 jaune d'œuf
- 30 g de beurre
- 1 verre de bière (20 cl)
- 1 pincée de noix muscade en poudre
- Sel et poivre

1. Passe les poireaux sous l'eau et coupe la partie vert foncé. Détaille le blanc en rondelles de 2 cm de large et fais-les fondre 20 min à la poêle, avec la moitié du beurre et la noix muscade.
2. Pendant ce temps, pèle et émince les échalotes. Fais-les juste blondir dans une sauteuse à feu doux, dans le reste de beurre. Dépose les filets de lieu sur les échalotes et arrose-les de bière. Couvre et laisse cuire 10 min à feu doux.
3. Retire les filets et fais réduire la sauce à feu vif. Ajoute le jaune d'œuf, remue, sale, poivre généreusement et retire du feu.
4. Sers le poisson nappé de sauce, avec la fondue de poireaux à part.

UNE IDÉE...

Pour gagner du temps, on peut remplacer les poireaux par 500 g de poireaux émincés surgelés et les échalotes par 150 g d'échalotes surgelées.

LA QUESTION DE MA MÈRE

BIÈRE BRUNE OU BLONDE ?

La bière blonde va apporter sa rondeur et son fruité sans l'amertume de la brune.

Riz grillé à la cantonaise

La présence de quelques grains croquants dans ce riz cantonais est une petite fantaisie que je me suis accordée. Bon à savoir : le riz cantonais est parfaitement inconnu des Chinois, qui s'amusent beaucoup de cette invention purement occidentale !

Préparation 10 min **Cuisson** 30 min

Pour 4 personnes

- 250 g de riz thaï
- 150 g de petits pois en cosse ou 70 g surgelés
- 2 oignons-botte
- 2 brins de coriandre
- 100 g de jambon blanc
- 200 g de petites crevettes roses cuites
- 2 œufs
- 3 cuil. à soupe d'huile d'arachide
- 1 cuil. à soupe de sauce soja
- Quelques gouttes de Tabasco, selon le goût
- Sel et poivre

1. Fais cuire le riz à l'eau bouillante salée, égoutte-le et rince-le brièvement à l'eau fraîche.
2. Fais chauffer 1 cuil. à soupe d'huile dans une sauteuse et fais sauter, à découvert, 2 cuil. à soupe de riz à feu vif jusqu'à ce qu'il soit doré et croustillant. Réserve à part.
3. Fais chauffer 1 cuil. à soupe d'huile dans la même sauteuse, ajoute les œufs battus, sale, poivre et remue comme pour les cuire « brouillés ». Verse le reste de l'huile et fais cuire les oignons hachés 3 min à feu vif, ajoute les crevettes, le jambon coupé en lanières, les petits pois écossés, et continue la cuisson 3 min à feu moyen.
4. Ajoute le riz, la sauce soja, le Tabasco, et remue 3 min.
5. Sers dans un plat, décoré de riz grillé et de coriandre ciselée.

LA QUESTION DE MA MÈRE

RIZ THAÏ
ET SI JE N'AI PAS DE RIZ THAÏ ? Du riz long grain ou du riz basmati feront très bien l'affaire. Dans tous les cas, évite surtout le riz rond, qui colle trop pour être préparé sauté. N'hésite pas non plus à utiliser du riz surgelé déjà cuit qui ne nécessite pas de décongélation.

Nouilles sautées à la chinoise

Les nouilles sautées font partie de ces plats exotiques bon marché que l'on n'a pas forcément l'idée de préparer chez soi. Trop compliqué, trop d'ingrédients étranges... alors que c'est si simple de les acheter chez le petit traiteur au coin de la rue. Oui, mais faites maison, elles sont plus parfumées, moins grasses et savent rester fermes. Pour un plat plus relevé, tu peux ajouter un petit piment vert frais haché.

Préparation 10 min **Cuisson** 10 min
Pour 4 personnes

- 225 g de nouilles chinoises aux œufs
- 10 grosses crevettes crues
- 200 g de porc haché
- 150 g de germes de soja
- 3 oignons nouveaux
- 1 gousse d'ail
- 1/2 bouquet de coriandre
- 3 cuil. à soupe de sauce soja
- 1 cuil. à soupe de vinaigre blanc
- 2 cuil. à soupe d'huile d'arachide
- 1 cuil. à soupe d'huile de sésame
- 1/2 cuil. à café de sucre en poudre
- Sel et poivre

1. Commence par éplucher et hacher finement l'ail et les oignons nouveaux. Décortique ensuite les crevettes.
2. Porte à ébullition une casserole d'eau salée. Plonges-y les nouilles en suivant le temps de cuisson indiqué sur le paquet, égoutte-les et passe-les sous l'eau froide.
3. Fais chauffer l'huile d'arachide dans une grande sauteuse, et fais sauter l'ail à feu moyen pendant 30 s. Ajoute le porc et les crevettes et continue la cuisson 2 à 3 min à feu vif, jusqu'à ce que les crevettes deviennent roses. Arrose alors avec le vinaigre. Ajoute les nouilles, le sucre en poudre, du sel et du poivre. Remue vivement, ajoute les germes de soja et les oignons hachés, fais sauter encore 2 min, verse la sauce soja sans cesser de mélanger et retire du feu.
4. Ajoute enfin l'huile de sésame et parsème le tout de coriandre ciselée.
5. Sers aussitôt.

UNE IDÉE

Si tu reçois des amis qui ne mangent pas de porc, tu peux le remplacer par des blancs de poulet coupés en lamelles.

LA QUESTION DE MA MÈRE

NOUILLES

EST-CE QUE DES NOUILLES FRAÎCHES PEUVENT REMPLACER LES NOUILLES CHINOISES, QUI NE SONT PAS FACILES À TROUVER DANS LE COMMERCE ?

Tu peux utiliser des nouilles sèches aux œufs, ce sont celles qui garderont le plus de fermeté tout en absorbant au mieux la sauce. Choisis-les longues et fines.

CUITES OU CRUES ?

COMMENT VOIR LA DIFFÉRENCE ENTRE LES CREVETTES CRUES ET LES CUITES ?

Les cuites ont la chair rose alors que les crues sont grisâtres, un peu transparentes. On les trouve facilement au rayon des surgelés.

LA QUESTION DE MA MÈRE

OIGNONS NOUVEAUX
QU'EST-CE QUE TU ENTENDS PAR LÀ ?

Les oignons nouveaux sont de petits oignons frais, doux, vendus en botte.

Travers de porc au gingembre

Blanchis à l'eau bouillante et rôtis au four dans leur sauce, ces travers réjouissent les enfants, si toutefois les parents leur en laissent. Ne crains pas d'en préparer une grande quantité car ils peuvent être conservés 48 h au réfrigérateur avant d'être simplement réchauffés à feu doux à la casserole. Si tu ne trouves pas de romarin, remplace-le par du thym frais. Tu peux aussi remplacer les travers par des ailerons de volaille, mais dans ce cas il est inutile de les faire blanchir à l'eau bouillante avant.

Préparation 15 min **Cuisson** 60 min
Pour 4 personnes

- 1,5 kg de travers de porc
- 60 g de racine de gingembre
- 1 citron (jus)
- 5 gousses d'ail
- 1 cuil. à soupe de romarin séché
- 75 g de miel
- 2 cuil. à soupe de concentré de tomate
- 2 cuil. à soupe de sauce soja
- 1 cuil. à soupe de Worcestershire sauce
- 5 cuil. à soupe d'huile d'olive
- 5 cuil. à soupe d'huile d'arachide
- Sel et poivre du moulin

1. Porte à ébullition une grande quantité d'eau salée dans une casserole. Plonges-y les travers et laisse cuire 15 min.

2. Pendant ce temps, épluche et hache le gingembre. Verse-le dans un grand plat allant au four et ajoute le miel, le concentré de tomate, le romarin séché, la sauce soja, 2 cuil. à soupe de jus de citron, la sauce Worcestershire et l'huile d'olive. Mélange pour obtenir une pâte onctueuse.

3. Préchauffe le four à 180 °C (th. 6).

4. Égoutte les travers, laisse-les tiédir avant de découper les côtes une par une. Épluche les gousses d'ail et coupe-les en deux. Fais chauffer l'huile d'arachide dans une casserole ou une sauteuse. Fais revenir les travers avec l'ail pendant 5 min environ, à feu moyen.

5. Lorsqu'ils sont bien dorés, retire-les ainsi que les gousses d'ail et verse le tout sur la préparation à base de miel. Mélange pour que les travers soient bien enrobés et enfourne. Laisse cuire 30 min en remuant de temps en temps.

6. Sers les travers bien chauds, arrosés de leur sauce.

UNE IDÉE...

Accompagne ce plat de pommes de terre en robe des champs, additionnées d'une bonne cuillerée de crème fraîche à la ciboulette.

LA QUESTION DE MA MÈRE

RACINE DE GINGEMBRE
QU'EST-CE QUE C'EST ?

Le gingembre est une plante dont seule la racine (le tubercule) s'utilise en cuisine. Ces morceaux de gingembre sont vendus avec les fruits et légumes.

WORCESTERSHIRE SAUCE
QU'EST-CE QUE C'EST ?

Tout de même, c'est un basique, tu en mets même dans ton steak tartare ! C'est une sauce anglaise très parfumée, composée de vinaigre, de mélasse, de sucre d'échalote, d'ail, de tamarin, de girofle, d'essence d'anchois et d'épices. Autant dire qu'il vaut mieux l'acheter toute faite.

TRAVERS
POURQUOI FAIRE CUIRE LES TRAVERS À L'EAU BOUILLANTE AVANT DE LES FAIRE DORER À LA CASSEROLE ?

Cette précuisson à l'eau va donner à ce morceau, naturellement un peu sec et ferme, une onctuosité bienvenue. Si vraiment tu n'as pas le temps ou que tes travers paraissent très tendres, tu peux sauter cette étape.

COUPÉS DE TRAVERS ?
JE CROYAIS QUE LES TRAVERS ÉTAIENT COUPÉS À L'AVANCE ?

C'est possible, mais je te conseille de les acheter non coupés car ils se dessèchent très vite.

Poulet au citron à la cantonaise

On peut être effrayé par l'omniprésence de la Maïzena dans la préparation de ce poulet mais c'est cela qui permettra d'obtenir cette fine couche de pâte croustillante qui entoure les lamelles de poulet. Dans tous les cas, ce plat ne supporte pas d'être préparé à l'avance. Tout le monde doit se tenir prêt !

Préparation 10 min **Cuisson** 6 à 8 min
Repos 15 min
Pour 4 personnes

- 4 escalopes de poulet fermier ou bio
- 1 jaune d'œuf
- 2 citrons (jus)
- 1/2 botte de ciboulette
- 2 cuil. à soupe de sauce soja
- 2 cuil. à soupe de xérès sec ou de porto
- 100 g de Maïzena
- 50 g de farine
- 3 cuil. à soupe de sucre en poudre
- Huile d'arachide
- Poivre

1. Coupe les escalopes de poulet en lamelles de 1 cm de large. Dans un plat creux, mélange le jaune d'œuf, la sauce soja, 2 cuil. à soupe de xérès et du poivre. Trempe les lanières de poulet dans cette sauce et laisse reposer au moins 15 min.
2. Fais chauffer le jus des citrons avec 4 cuil. à soupe d'eau et le sucre en poudre jusqu'à ce que la sauce bouillonne légèrement. Tamise 1 cuil. à café de Maïzena sur cette sauce. Remue et fais épaissir à feu doux.
3. Fais chauffer de l'huile dans une grande poêle pour que les morceaux puissent être immergés dedans.
4. Mélange le reste de Maïzena et la farine, enrobe de ce mélange les morceaux de poulet égouttés et secoue vivement dans une passoire pour retirer l'excédent. Plonge les lanières dans l'huile chaude mais pas fumante et laisse dorer légèrement (2 min environ). Procède en plusieurs fournées et égoutte-les sur du papier absorbant.
5. Avant de servir, fais à nouveau chauffer l'huile à feu vif et replonge le poulet 30 s pour rendre les morceaux plus croustillants. Cette double cuisson est souvent utilisée pour obtenir une friture plus légère.
6. Égoutte les lanières de poulet et verse dessus la sauce tiède. Saupoudre de ciboulette ciselée et sers avec un riz grillé à la cantonaise (p. 93).

UNE IDÉE...

Passe les morceaux de poulet dans un bol de graines de sésame avant de les faire frire.

LA QUESTION DE MA MÈRE

ESCALOPES DE POULET

PEUT-ON TROUVER DES ESCALOPES DE POULET FERMIER PRÉEMBALLÉES DANS LES GRANDES SURFACES ?

Oui, bien sûr, et sa catégorie est obligatoirement mentionnée sur l'étiquette. Si tu ne crains pas de débourser 1 ou 2 euros de plus, achète des escalopes de poulet bio ou « label rouge ». Il a été élevé dans des conditions optimales et donne une chair tendre, ferme et savoureuse.

Pastilla au poisson

Je le confesse, j'ai un immense faible pour la pastilla. Après des années de dégustation assidue dans la capitale, j'avoue avoir peine à en trouver une qui soit à la hauteur de mes souvenirs marocains. Du coup, je me suis mise aux fourneaux afin d'établir « ma » version. Je te livre la recette de la pastilla au poisson, elle-même dérivée de l'authentique pastilla au pigeon. Moins riche, elle est aussi plus facile à réaliser.

Préparation 15 min **Cuisson** 40 min

Pour 6 personnes

- 10 feuilles de brick
- 800 g de filets de cabillaud
- 400 g de crevettes crues décortiquées (surgelées)
- 6 olives vertes dénoyautées
- 1/2 citron confit
- 1/2 citron (jus)
- 1 oignon
- 1 gousse d'ail
- 1 petit bouquet de persil plat
- 1 bouquet de coriandre
- 100 g de beurre
- 2 cuil. à soupe d'huile d'olive
- Sucre glace, selon le goût
- Cannelle en poudre, selon le goût
- 1/2 cuil. à café de gingembre en poudre
- 1 pointe de couteau de piment de Cayenne moulu
- 1 cuil. à café de sel
- Poivre

1. Préchauffe le four à 170 °C (th. 5-6).
2. Lave et sèche les herbes. Hache-les finement au couteau.
3. Poêle les filets de poisson et les crevettes dans l'huile d'olive chaude. Sale, poivre, laisse cuire 4 min environ, retire de la poêle et hache le tout au couteau.

4. Dans la même poêle, fais revenir l'oignon émincé et l'ail haché. Ajoute la chair de poisson, les olives concassées, le citron confit coupé en petits dés, le jus de citron, les herbes ciselées, le piment et le gingembre. Laisse cuire 5 min en remuant souvent.
5. Fais fondre le beurre dans une petite casserole et badigeonne les feuilles de brick avec. Pose une feuille au centre d'un moule à tarte beurré, ajoute 7 autres feuilles de façon à ce qu'elles débordent de chaque côté comme une fleur. Verse la farce au centre et étale bien. Couvre avec les 2 feuilles restantes puis rabats les bords des feuilles du dessous vers le centre.
6. Enfourne et fais cuire 30 min.
7. Au sortir du four, saupoudre la pastilla de sucre glace et de cannelle.
8. Sers aussitôt, avec une salade romaine aux pistaches.

UN CONSEIL

Pour une présentation plus raffinée, prépare des pastillas individuelles en utilisant 2 feuilles de brick par personne.

LA QUESTION DE MA MÈRE

CITRONS CONFITS

OÙ LES TROUVE-T-ON, CHEZ LES CONFISEURS ?

Non, ceux-ci sont confits au sucre, ce qui en fait des confiseries, tandis que ceux utilisés dans cette recette sont confits au sel et utilisés comme condiment. Tu en trouveras dans les épiceries orientales (grecques, maghrébines, casher...) ou au rayon « exotique » des grandes surfaces.

LA QUESTION DE MA MÈRE

FEUILLES DE BRICK

CHAQUE FOIS QUE J'EN UTILISE, ELLES SÈCHENT AVANT MÊME QUE J'AIE FINI MA RECETTE. Y A-T-IL UNE SOLUTION ?

Mon premier conseil, c'est de ranger très vite les feuilles que tu n'utilises pas dans leur pochette. Si elles te paraissent néanmoins un peu desséchées, tamponne-les avec un torchon humide avant de les utiliser. Elles retrouveront une nouvelle souplesse.

CREVETTES CRUES

OÙ TROUVES-TU LES CREVETTES CRUES ? ELLES SONT TOUJOURS VENDUES CUITES, CHEZ LE POISSONNIER.

Certaines poissonneries au débit important proposent des crevettes crues surgelées (elles l'ont été directement sur les bateaux, c'est la seule façon de les conserver fraîches jusqu'au lieu de vente). Tu en trouves aussi de très bonne qualité dans les magasins de produits surgelés.

Pastilla au poulet et aux amandes

J'entends déjà les puristes hurler à l'hérésie, crier à la trahison : la pastilla doit être impérativement farcie de pigeon ! Impossible de le nier, cependant, chaque fois que j'ai annoncé à mes amis mon intention de cuisiner ces petits oiseaux, j'ai dû affronter une moue peu enthousiaste. Contrainte et forcée, je me suis rabattue sur un poulet lambda, mais je dois reconnaître que le résultat ne souffre pas trop de cet écart de la tradition. Sers avec une salade de carottes aux tomates caramélisées (p. 58), et un petit verre de muscat rivesaltes... et, roule, ma poule !

Préparation 30 min

Cuisson 1 h 30

Pour 6 personnes

- 1 gros poulet fermier
- 10 feuilles de brick
- 6 oignons
- 2 gousses d'ail
- 1 bouquet de coriandre
- 1 citron confit
- 12 olives roses dénoyautées
- 100 g d'amandes effilées
- 6 œufs
- 50 g de beurre ou de margarine
- 4 cuil. à soupe d'huile
- 1 cuil. à café de miel
- 1 cuil. à soupe de sucre en poudre
- 1 cuil. à soupe de sucre glace
- 2 cuil. à soupe d'eau de fleur d'oranger
- 1 cuil. à soupe de ras-el-hanout
- 1 cuil. à soupe de cumin en poudre
- 1 cuil. à soupe de cannelle en poudre + 1 cuil. à café pour la décoration
- 1 cuil. à soupe de gingembre en poudre
- 2 pincées de pistils de safran (ou 2 doses en poudre)
- 1/2 cuil. à café de sel
- 1/2 cuil. à café de poivre blanc

1. Épluche et émince les oignons. Coupe le citron confit en dés, dénoyaute les olives et coupe-les en 4. Hache finement (ou presse) l'ail. Lave, sèche et cisèle finement la coriandre.
2. Verse l'huile dans une cocotte, fais dorer le poulet sur toutes ses faces et retire-le. Verse dans la cocotte les oignons, le safran, le ras-el-hanout, le gingembre, le cumin, l'ail, 1 cuil. à soupe de cannelle, la coriandre ciselée, le citron confit, le miel, les olives, le sel et le poivre. Fais revenir à feu moyen pendant 5 min, en mélangeant souvent. Ajoute 25 cl d'eau chaude et porte à ébullition. Baisse le feu pour obtenir un petit bouillon, remets le poulet, couvre et laisse cuire 1 h. Retourne le poulet plusieurs fois en cours de cuisson.
3. Sors le poulet, retire la peau et hache les chairs. Pendant ce temps, fais réduire le jus de cuisson jusqu'à ce qu'il soit légèrement sirupeux.
4. Bats 5 œufs en omelette et verse-les dans la cocotte. Fais cuire comme des œufs brouillés, sur feu très doux, sans cesser de remuer.
5. Fais dorer les amandes 5 min dans une poêle sèche. Retire du feu, saupoudre de sucre en poudre et mélange au hachis de poulet. Rectifie l'assaisonnement et ajoute l'eau de fleur d'oranger.
6. Fais fondre le beurre et badigeonnes-en un plat anti-adhésif allant au four (l'idéal est un grand moule à tarte). Dispose dedans 2 feuilles de brick beurrées, en les faisant légèrement déborder. Couvre avec la moitié des œufs brouillés, dépose 3 feuilles de brick beurrées, verse la farce au poulet, recouvre de 3 feuilles de brick beurrées et répartis le reste des œufs. Termine avec 2 feuilles de brick beurrées. Rabats les bords, badi-

geonne la surface avec le dernier œuf battu et arrose avec le reste de beurre fondu.

7. Enfourne et laisse cuire 20 min.

8. Retire du four et saupoudre de sucre glace et d'1 cuil. à café de cannelle. Découpe en parts et sers très chaud.

UN CONSEIL

Tu peux confectionner la pastilla à l'avance et la faire cuire au dernier moment.

Tu peux conserver cette pastilla cuite au réfrigérateur, couverte d'un film alimentaire. Tu n'auras plus qu'à la faire légèrement réchauffer à four doux.

UNE IDÉE

Remplace les pignons par des amandes grillées hachées et le poulet par deux pigeons. Tu peux aussi remplacer les olives par des pruneaux coupés en dés.

LA QUESTION DE MA MÈRE

RAS-EL-HANOUT

QU'EST-CE QUE C'EST ?

Je m'attendais à cette question ! C'est un mélange d'épices en poudre utilisé au Maroc et en Tunisie, dont le nom signifie littéralement « toit de la boutique ». Il est utilisé pour relever les ragoûts ou le bouillon du couscous et se trouve désormais au rayon épices des grandes surfaces.

ENCORE DU CRU

Carpaccio de Saint-Jacques à la crème de corail

On ne sait jamais quoi faire du corail qui entoure les noix de Saint-Jacques. Souvent brutalisé par une cuisson trop vive, il devient caoutchouteux et révèle une texture farineuse. Tout cru, juste délié avec un peu de crème, sa saveur ronde et son onctuosité enveloppent divinement les noix.

Préparation 20 min
Pas de cuisson

Pour 4 personnes

- 500 g de coquilles Saint-Jacques avec corail
- 6 cuil. à soupe de crème fleurette
- 1/2 citron vert (jus)
- Sel et poivre du moulin

1. Passe les noix sous un filet d'eau et sèche-les immédiatement. Détache les coraux. Coupe les noix en rondelles pas trop fines et étale-les dans les assiettes.
2. Mixe les coraux avec la crème fleurette et un peu de sel. Arrose les Saint-Jacques avec le jus de citron vert, puis verse la crème en zigzag. Poivre généreusement. Parsème éventuellement de zeste de citron vert râpé et sers immédiatement.

Une idée…

Tu peux ajouter 1 bonne pincée de safran en filaments dans la crème de corail ou transformer cette crème en gelée. Fais ramollir 1 feuille de gélatine et incorpore-la à la crème tiédie. Verse sur les Saint-Jacques. Laisse prendre au frais pendant 2 h.

La question de ma mère ?

SAINT-JACQUES
EST-CE QUE JE PEUX LES PRENDRE SURGELÉES ?

Oui, à condition de choisir les plus grosses, françaises, qui sont aussi les plus chères. Dans ce cas, laisse-les décongeler dans un mélange d'eau et de lait entier.

Courgettes râpées au chèvre et à l'huile de noisette

Impossible de préparer cette recette avec nos grosses courgettes d'hiver. Il faut avoir sous la main ces merveilleux fruits du potager que sont les courgettes-fleurs ou les petites rondes de Nice, bien fermes et quasiment exemptes de graines. Dans les cas extrêmes, tu peux les remplacer par des carottes râpées, mélangées à leurs propres fanes.

Préparation 15 min

Pas de cuisson

Pour 4 personnes

- 6 petites courgettes longues
- 60 g de chèvre demi-sec (ou 1 crottin)
- 1/2 orange (jus)
- 1/2 citron (jus)
- 1 brin d'estragon
- 1 cuil. à soupe d'huile de noisette
- 1 cuil. à soupe d'huile d'olive
- Sel et poivre

1. Lave et sèche les courgettes. Coupe les extrémités et râpe-les pas trop finement. Place-les dans un saladier d'eau glacée, pour les raffermir et les empêcher de noircir.
2. Prépare la vinaigrette dans un grand saladier : mélange 1 cuil. à soupe de jus d'orange, 1 cuil. à café de jus de citron, du sel et du poivre, ajoute les huiles, sale, poivre et mélange bien.

3. Lave, sèche et cisèle finement l'estragon.
4. Égoutte les courgettes et mélange-les à la vinaigrette.
5. Émiette le fromage en l'écrasant à la fourchette et ajoute-le sur la salade. Parsème d'estragon ciselé et sers bien frais.

UNE IDÉE

S'il te reste un peu de cette salade, mélange-la avec des œufs fouettés en omelette et un peu de crème fraîche liquide. Verse cette préparation dans des ramequins, couvre de chèvre émietté et fais cuire à four chaud. Tu obtiendras un gratin de courgettes au chèvre.

LA QUESTION DE MA MÈRE

VARIANTE ?
JE N'AIME PAS TROP L'ESTRAGON, PUIS-JE LE REMPLACER PAR UNE AUTRE HERBE ?

Tu peux utiliser de la menthe ou de la ciboulette sans rompre l'harmonie de ce plat.

Tartare de bœuf au parmesan et au basilic

Il y a trois catégories de gens face au tartare : les amateurs, à qui je confierais ma petite sœur les yeux fermés, les sceptiques, qui ne demandent qu'à être rassurés par le cuisinier pour pouvoir y céder, et enfin les timorés, effrayés par la présence de tous ces condiments vifs au palais. Je ne puis rien faire pour ces derniers, sauf les engager à goûter cette version, plus douce, sorte de déclinaison du carpaccio de bœuf au parmesan.

Préparation 15 min **Pas de cuisson**

Pour 4 personnes

- 500 g de cœur de rumsteck haché à la grosse grille
- 70 g de parmesan
- 3 copeaux de tomates séchées (facultatif)
- 3 oignons frais
- 3 brins de basilic
- 3 jaunes d'œufs
- 1 cuil. à soupe de câpres
- 1 cuil. à soupe de ketchup
- 2 cuil. à soupe d'huile d'olive
- 1 cuil. à soupe de moutarde en grains
- 1 cuil. à soupe de vinaigre de vin rouge
- Sel et poivre du moulin

1. Lave, sèche et hache finement (au couteau) oignons et feuilles de basilic. Coupe le parmesan en copeaux à l'aide d'un couteau économe. Brise les copeaux en petits morceaux en les écrasant entre tes doigts. Hache les tomates séchées en petits morceaux.
2. Dans un saladier, fouette le vinaigre, la moutarde, le ketchup, du sel, du poivre et l'huile. Ajoute la viande, creuse un puits et mets-y les jaunes d'œufs, les copeaux de parmesan, les morceaux de tomates séchées et les câpres égouttées. Mélange intimement, rectifie l'assaisonnement et place au frais avant de servir.

UNE IDÉE...

Propose tous les ingrédients de l'assaisonnement à table, dans des petites coupelles et accompagne d'une salade de roquette assaisonnée au vinaigre balsamique et à la sauce soja.

LA QUESTION DE MA MÈRE

STEAKS HACHÉS

EST-CE QUE JE PEUX LES ACHETER EN GRANDE SURFACE ?

Il existe désormais de la viande hachée « spéciale tartare », hachée moins fin que les steaks hachés. L'idéal, c'est d'acheter un rumsteck chez un boucher de confiance et de le hacher soi-même au couteau.

Tartare de fenouil au maquereau fumé

Cette recette s'inscrit dans la série des mélanges détonants qui provoquent immanquablement leur petit effet sur la clientèle de ma salle à manger. N'aie pas peur de servir du maquereau fumé à tes invités. Si ce poisson n'est pas très commun, émietté et associé au fenouil, il participe d'une harmonie fraîche et subtile, adoucie par le fruité des raisins. Pourquoi ne pas l'avouer ? Je suis assez fière de cette création, d'autant qu'elle est aussi jolie qu'exquise.

Préparation 20 min
Pas de cuisson

Pour 6 personnes

- 100 g de maquereau fumé
- 1 bulbe de fenouil
- 100 g de grains de raisin blanc
- 1/2 bouquet de persil plat
- 2 brins d'aneth
- 3 cuil. à soupe d'huile d'olive
- 1 citron (jus)
- Poivre, sel

1. Lave et sèche le fenouil, les herbes et les raisins. Réserve des pluches de fenouil. Retire le cœur et les tiges du fenouil. Hache en tout petits dés le fenouil et les raisins. Cisèle très finement les herbes.
2. Prépare la vinaigrette : mélange 2 cuil. à soupe de jus de citron, du sel, du poivre et l'huile d'olive.
3. Dans un saladier, mélange les dés de fenouil et de raisins, les herbes ciselées et la vinaigrette. Dispose ce tartare dans les assiettes et place le maquereau fumé émietté au centre. Arrose de quelques gouttes de jus de citron, décore avec des pluches de fenouil et sers bien frais avec des toasts de pain grillé.

UNE IDÉE

Remplace le raisin par des dés de pomme verte et l'aneth par quelques pluches de fenouil. Tu peux aussi ajouter des dés de cornichons doux.

LA QUESTION DE MA MÈRE

RAISIN
QUEL TYPE DE RAISIN DOIS-JE UTILISER ?

Du raisin blanc, ni trop sucré ni trop acide. L'idéal, c'est de choisir du raisin sans pépins comme le sultanine, qui vient du Chili.

Crostini de concombre à la tapenade

Crostini, panini, bruschetta, louées soient ces tartines à l'italienne qui permettent de préparer un casse-croûte chic en un rien de temps avec tout ce qui reste dans les placards : miettes de fromages, émincés de légumes, condiments divers, seule la loi de la gourmandise et de l'imagination doit régner sur ces compositions. Ici, j'ai décidé d'accorder la foudre de la tapenade à la fraîcheur du concombre et ... « ça le fait » (je m'étais juré de ne pas employer cette expression, mais, là, elle s'impose).

Préparation 10 min

Pas de cuisson

Pour 4 personnes

- 4 tranches de pain de campagne d'1,5 cm d'épaisseur
- 1/2 concombre
- 1/2 gousse d'ail
- 4 brins de ciboulette
- 1/2 citron vert
- 130 g d'olives noires dénoyautées
- 2 filets d'anchois à l'huile d'olive
- 30 g de thon à l'huile
- 1 cuil. à soupe de câpres au vinaigre
- 2 cuil. à soupe d'huile d'olive
- Poivre du moulin

1. Allume le gril du four.
2. Mets les olives dans le bol du mixeur, ajoute les filets d'anchois, les câpres, le thon égoutté, l'ail épluché, 1 cuil. à café de ciboulette ciselée et du poivre. Mixe par à-coups en ajoutant l'huile d'olive petit à petit.
3. Pose les tranches de pain sous le gril et laisse-les dorer quelques instants.
4. Épluche le concombre en laissant une bande de peau sur deux, coupe-le en deux dans la longueur sans l'épépiner, et émince-le en demi-rondelles très fines.
5. Tartine de tapenade le dessus des tranches de pain grillées et dépose des lamelles de concombre par-dessus en les faisant se chevaucher légèrement. Décore de brins de ciboulette entiers, poivre et arrose d'un filet de citron vert.
6. Sers aussitôt.

UNE IDÉE…

Prépare une grande quantité de tapenade et conserve-la 2 à 3 mois dans un bocal au frais, en veillant à ce qu'elle soit toujours recouverte d'huile d'olive.

Remplace les olives noires par des olives vertes et la ciboulette par du basilic ou du thym frais.

Oeufs

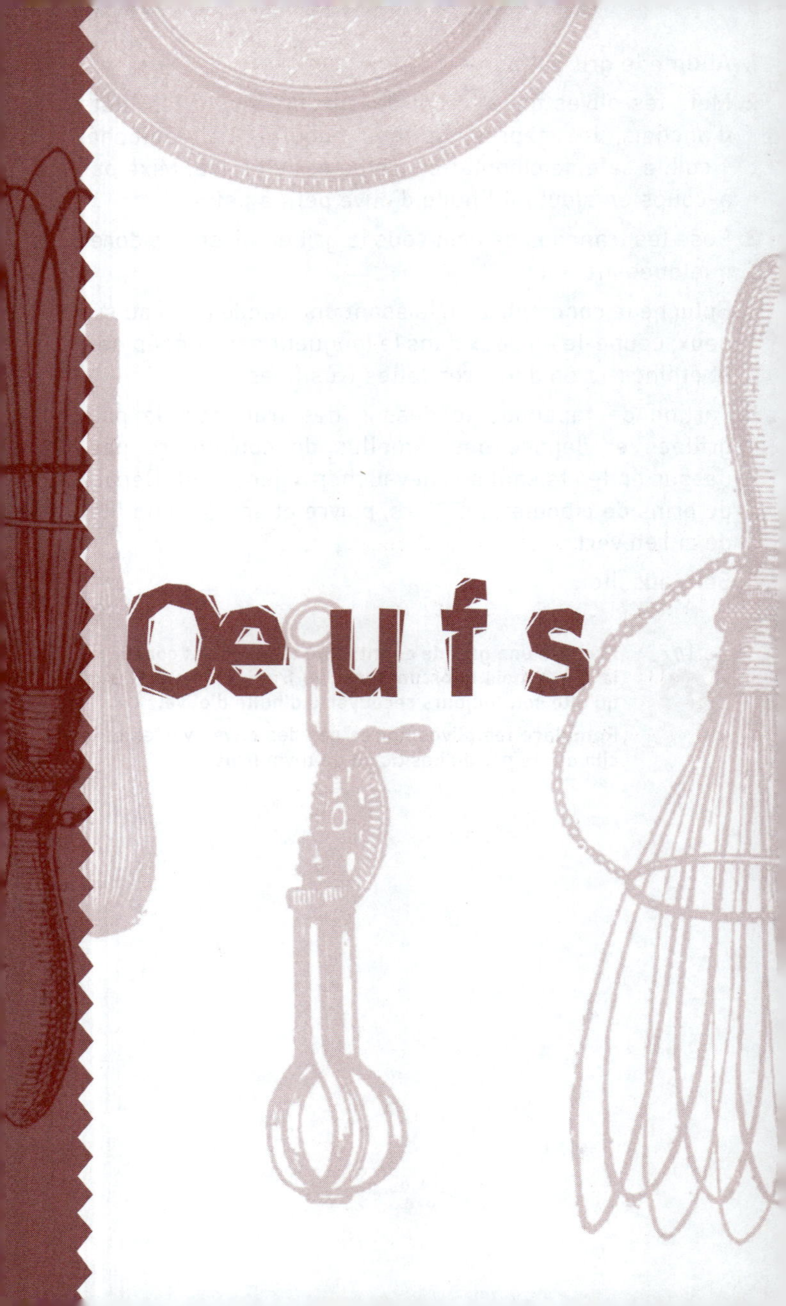

Brouillade aux truffes noires

Encore l'une de ces recettes que l'on trouve dans tous les livres de cuisine ! Pourtant, plus que d'une technique élaborée, son succès dépend de quelques gestes malins. D'abord, avant de cuire les œufs, il faut impérativement les enfermer avec la truffe, 2 à 3 jours, dans un récipient hermétique pour qu'ils s'imprègnent de son parfum. Dans ce cas, nettoie la truffe chaque jour avec du papier absorbant pour qu'elle ne moisisse pas. Ensuite, il faut cuire au bain-marie frémissant pour éviter l'agressivité d'un feu direct. Enfin, je te conseille de veiller à garder quelques jaunes d'œufs que tu incorporeras à la brouillade une fois la cuisson terminée pour lui donner de l'onctuosité sans ajouter de matière grasse.

Préparation 5 min
Cuisson 10 min

Pour 4 personnes
- 12 œufs
- 1 truffe fraîche de 40 g minimum
- 50 g de beurre
- 2 cuil. à soupe de crème fleurette
- Sel et poivre

1. Fais chauffer 1 casserole d'eau pour le bain-marie et porte-la à frémissement (juste avant l'ébullition).
2. Coupe la moitié de la truffe en petits dés et l'autre moitié en rondelles fines.
3. Dans un petit saladier, que tu prendras en Pyrex pour qu'il supporte la chaleur de l'eau, casse 10 œufs entiers ainsi que 2 blancs. Réserve les 2 jaunes à part. Sale, poivre et fouette légèrement, juste pour crever les jaunes. Ajoute le beurre en petits morceaux.
4. Pose le saladier dans le bain-marie, l'eau doit monter au-dessus du niveau des œufs.

5. Mélange délicatement avec une spatule, en raclant bien les bords, pendant toute la durée de la cuisson. Laisse cuire jusqu'à ce que les œufs soient pris.
6. Juste avant la fin de la cuisson, ajoute les 2 jaunes crus, la crème fleurette et les dés de truffe. Mélange et retire la casserole du feu.
7. Verse les œufs dans le plat de service et décore avec les lamelles de truffe. Sers aussitôt.

UNE IDÉE…

Cette brouillade est presque indissociable d'une salade de mâche à l'huile de truffe et au vinaigre de cidre et d'un bon verre de vin rouge : pomerol ou châteauneuf-du-pape.

LA QUESTION DE MA MÈRE

TRUFFE

ELLE NE SE PÈLE PAS ?

Non, en principe elle est vendue déjà brossée, et il suffit alors de la frotter avec un chiffon humide. Si elle est très terreuse, brosse-la sous un filet d'eau et sèche-la soigneusement.

TRUFFES CUITES

Y A-T-IL DES RECETTES OÙ L'ON FAIT CUIRE LES TRUFFES ?

Elles ne supportent pas les cuissons trop vives, mais acceptent d'être chauffées, notamment lorsqu'elles sont incorporées à une farce de volaille, ou cuites en papillote (au four ou sous la cendre).

BAIN-MARIE

FRANCHEMENT, JE NE TROUVE PAS LA TECHNIQUE DU BAIN-MARIE TRÈS PRATIQUE. EST-CE GRAVE SI JE METS TOUT DIRECTEMENT SUR LE FEU ?

Je ne te cache pas que cela m'arrive assez souvent. Dans ce cas, il faut être doublement vigilant, remuer sans cesse et utiliser une casserole à fond épais, placée sur feu très doux.

Œufs brouillés aux anchois

Une recette toute simple à réserver aux amateurs d'anchois. Il m'arrive de la préparer pour moi toute seule, avec une salade à l'ail, afin de me convaincre que rien ne vaut le célibat !

Préparation 10 min
Cuisson 8 min environ

Pour 4 personnes

- 10 gros œufs
- 12 filets d'anchois à l'huile d'olive
- 1 grosse tomate
- 1 petit brin de romarin
- 1 cuil. à soupe de lait entier
- 1 cuil. à soupe d'huile d'olive
- Sel et poivre

1. Égoutte les filets d'anchois et coupe-les en petits morceaux. Coupe la tomate en quatre, épépine-la et concasse-la en petits dés. Lave, sèche et hache le brin de romarin.
2. Casse les œufs dans un saladier, poivre, ajoute le lait et le romarin haché et fouette légèrement pour mélanger le tout.
3. Verse la préparation dans une casserole antiadhésive et fais cuire à feu doux. Laisse prendre légèrement sans cesser de remuer, ajoute les dés de tomate et les anchois, et continue de mélanger jusqu'à la consistance désirée. Retire la casserole du feu, ajoute l'huile d'olive, goûte et rectifie l'assaisonnement.
4. Sers immédiatement, dans des assiettes creuses préchauffées.

UN CONSEIL

Remplace le romarin par du basilic, de la ciboulette ou du thym frais que tu ajouteras en cours de cuisson.

UNE IDÉE

Sers cette brouillade avec une salade de mesclun et une vinaigrette relevée de tapenade.

LA QUESTION DE MA MÈRE

ŒUFS

À PARTIR DE QUEL POIDS DIT-ON D'UN ŒUF QU'IL EST GROS ET COMMENT LE SAVOIR ?

Les œufs sont classés par calibre, un peu comme les huîtres. Ce calibre est obligatoirement mentionné sur la boîte. Le classement va des n° 1, « très gros », qui pèsent 70 g et plus, jusqu'aux n° 7, qui pèsent moins de 45 g. Cela va presque du simple au double, et, si l'on n'en tient pas compte, cela peut modifier une recette du tout au tout. Les gros pèsent environ 65 g.

ŒUFS FOUETTÉS

J'AI L'HABITUDE DE FOUETTER MES ŒUFS COMME POUR UNE OMELETTE AVANT DE LES CUIRE, JE CONSTATE QUE TU NE LE FAIS PAS. POURQUOI ?

Même pour l'omelette, je le déconseille car cela a pour conséquence d'incorporer trop d'air dans les blancs, et de rendre la préparation moins moelleuse, trop sèche à mon goût. Pour les œufs brouillés, il suffit de crever les jaunes et de les mélanger délicatement avec les blancs.

Omelette aux artichauts et à la menthe

Servi en omelette baveuse ou bien pris façon tortilla, ce plat a toujours du succès. Bien sûr, il faut prendre le temps de parer les artichauts, mais la récompense est à la hauteur de l'effort.

Préparation 10 min
Cuisson 10 à 11 min

Pour 4 personnes

- 8 œufs
- 4 petits artichauts poivrade
- 1 gousse d'ail
- 1 citron (jus)
- 3 brins de menthe
- 10 g de beurre
- 2 cuil. à soupe de lait
- 2 cuil. à soupe d'huile d'olive
- 1/2 verre de vin blanc sec
- Sel et poivre du moulin

1. Sors les œufs du réfrigérateur.
2. Pare les artichauts, coupe-les en lamelles et trempe-les dans une bassine d'eau citronnée.
3. Fais chauffer l'huile d'olive dans une grande poêle et mets-y les lamelles d'artichauts égouttées à dorer pendant 3 min, à feu vif. Ajoute l'ail pelé et haché, sale, poivre, mélange, puis verse le vin blanc. Baisse le feu et laisse cuire jusqu'à évaporation (8 min environ). Réserve.
4. Lave, sèche et cisèle les feuilles de menthe.
5. Casse les œufs dans un saladier, ajoute le lait, la menthe ciselée, sale et poivre. Mélange doucement.
6. Fais chauffer une poêle à feu vif, fais-y fondre le beurre puis verse les œufs dedans. Laisse prendre et dispose

les artichauts sur le dessus de l'omelette quand elle est encore baveuse. Rabats légèrement les bords pour couvrir les artichauts d'une fine couche d'œufs et fais glisser l'omelette sur l'assiette.

7. Sers en parts, comme une tarte.

UNE IDÉE…

Remplace la menthe par du basilic ou du persil plat et ajoute quelques croûtons de pain bien croquants.

LA QUESTION DE MA MÈRE

ARTICHAUTS COQUETS

QUE SIGNIFIE « PARER » LES ARTICHAUTS ?

Parer, c'est préparer. Pour les artichauts, il s'agit de couper les queues à 2 cm et de peler la base, de retirer les feuilles extérieures les plus vertes, donc les plus dures, et de couper les pointes.

Œufs cocotte en brioche

Impossible de retrouver les ramequins à œufs que je pensais avoir rangés dans le placard de la cuisine ! Improvisation : mes œufs iront se loger dans les petites brioches restées du matin et le chapeau fera office de mouillettes. C'est dans les moments de désespoir que naissent les plus grandes œuvres…

Préparation 5 min

Cuisson 15 min

Pour 2 personnes

- 2 gros œufs
- 2 petites brioches individuelles
- 2 bonnes cuil. à café de beurre
- 2 cuil. à soupe de crème fleurette à 15%
- 3 brins d'estragon
- Sel et poivre

1. Préchauffe le four à 180 °C (th. 6).
2. Coupe les chapeaux des brioches, réserve-les. Creuse légèrement la grosse boule des brioches pour pouvoir y loger les œufs, étale le beurre à l'intérieur.
3. Casse les œufs dans les brioches, sale, poivre, parsème d'estragon ciselé et couvre de crème fleurette.
4. Dépose les brioches (ainsi que leurs chapeaux posés sur le côté) sur une feuille de papier sulfurisé. Enfourne dans le bas du four et laisse cuire 15 min.
5. Coupe les chapeaux des brioches en lanières et propose-les en mouillettes. Sers aussitôt sur assiette.

UNE IDÉE…

Sers ces brioches avec leur chapeau entier et propose des asperges vertes entourées de fines tranches de jambon cru en guise de mouillettes.

LA QUESTION DE MA MÈRE

BRIOCHES TU LES ACHÈTES SUCRÉES ?

Oui, c'est cette douceur qui fait l'originalité de cette recette. Mais n'achète pas pour autant des brioches au sucre !

PAPIER SULFURISÉ ET SI JE N'EN AI PAS ?

Tu n'as qu'à poser tes brioches dans de petits ramequins individuels beurrés qui supportent la chaleur du four. C'est encore plus pratique pour servir.

CUISSON minute

Courgettes aux gésiers et aux pignons

Si tu trouves des petites courgettes du Midi, cette recette n'en sera que meilleure. Quant aux gésiers, essaye de les acheter frais, chez le boucher : ils seront bien plus fondants que ceux que l'on trouve sous vide ou en conserve.

Préparation 10 min
Cuisson 10 min

Pour 6 personnes

- 100 g de gésiers
- 300 g de courgettes
- 6 oignons frais
- 30 g de pignons
- 1 cuil. à soupe d'huile d'olive
- 1 pincée de curry
- Sel et poivre

1. Lave et sèche les courgettes, coupe-les en dés de 0,5 cm de côté. Coupe les oignons et les gésiers de la même façon.
2. Fais dorer dans une poêle, à feu assez vif, avec l'huile d'olive, courgettes et oignons pendant 5 min. Baisse le feu, sale, saupoudre de curry, ajoute les pignons, les dés de gésiers et laisse cuire encore 5 min à feu moyen.
3. Donne quelques tours de moulin à poivre et c'est prêt.

UN CONSEIL Choisis des petites courgettes qui ne contiennent pas trop de graines ou bien coupe les grosses en deux pour les évider légèrement.

UNE IDÉE

Si tu n'aimes pas les gésiers, tu peux les remplacer par des lardons ou même des foies de volailles que tu feras sauter à part.

LA QUESTION DE MA MÈRE

À QUEL MOMENT ? C'EST UN DRÔLE DE PLAT, COMMENT LE SERS-TU : EN ENTRÉE, EN PLAT PRINCIPAL OU EN ACCOMPAGNEMENT ?

Les trois, comtesse ! Les quantités sont prévues en accompagnement ou en entrée, mais il suffit d'ajuster pour en faire tout un plat.

Crevettes ail et sucre

J'aime bien servir ces crevettes l'été, quand on n'a pas honte de se salir les mains, ni de se lécher les doigts. Il va de soi que, plus les crevettes auront le loisir de mariner, plus elles seront parfumées. Ne cherche pas, le meilleur accompagnement pour ce plat reste une salade verte bien croquante, comme une romaine, à l'huile d'olive, au citron et aux oignons frais.

Préparation 5 min
Marinade 1 h
Cuisson 5 min

Pour 4 personnes

- 1 kg de gambas crues
- 6 cuil. à soupe d'ail haché (soit 6 gousses d'ail environ)
- 1 cuil. à soupe de fleur de thym
- 6 cuil. à soupe d'huile d'olive
- 1 cuil. à soupe de sirop de sucre de canne
- 1 cuil. à café de sel
- 1 cuil. à soupe de poivre mignonnette
- Poivre

1. Dans un plat creux, mélange l'huile d'olive, 6 cuil. à soupe d'ail haché, le sirop de sucre de canne, le thym, du poivre et le sel. Enrobe les gambas de ce mélange et laisse mariner 1 h au moins.
2. Aligne les crevettes sur une feuille de papier aluminium. Couvre-les de marinade et fais griller 2 à 3 min de chaque côté, sous le gril du four.
3. À déguster bien chaud, avec les doigts !

UNE IDÉE

Sers ces crevettes avec 1 mangue poêlée, déglacée dans 2 cuil. à soupe de vinaigre de riz et 1 cuil. à soupe de sauce soja.

LA QUESTION DE MA MÈRE

CRUES

OÙ TROUVES-TU DES CREVETTES CRUES ?

La crevette fraîche voyage mal ! Hormis au bord de la mer, tu auras beaucoup de mal à dénicher des crevettes crues qui ne soient pas surgelées. Rassure-toi, celles-ci sont figées par le froid quelques heures à peine après la pêche.

Croustillants de saumon au gingembre

Je sais bien que la « croustillance » est à la mode sur les cartes de nos restaurants, mais je voulais te faire partager les secrets de cette recette toute bête. Tes invités seront séduits par la puissance aromatique de ces petits croustillants. Et si tu ne sais pas quoi faire avec le reste du gingembre, coupe-le en petits dés et congèle-le pour en avoir toujours sous la main.

Préparation 10 min **Cuisson** 7 min

Marinade 1 à 3 h

Pour 4 personnes

- 4 filets de saumon de 150 g chacun environ
- 4 feuilles de brick
- 1 cuil. à soupe de gingembre râpé
- 3 brins de coriandre
- 2 cuil. à soupe de sauce soja
- 1 cuil. à café de Worcestershire sauce
- 1 cuil. à soupe d'huile d'olive
- 2 cuil. à soupe d'huile pour friture
- Poivre du moulin

1. Préchauffe le four à 210 °C (th. 7).
2. Mélange la sauce soja, la sauce Worcestershire, l'huile d'olive, 1 cuil. à soupe de gingembre pelé et râpé, la coriandre ciselée et du poivre. Couvre les filets de saumon de ce mélange et laisse-les mariner dans la sauce pendant 1 à 3 h.
3. Dépose chaque filet de saumon au centre d'une feuille de brick et replie les bords bien serré.
4. Fais chauffer l'huile pour friture dans une poêle, à feu assez vif. Dépose les pastillas côté plié vers le bas pour

« coller » les bords et fais dorer 2 min sur chaque face. Dispose-les dans un plat à gratin. Enfourne et laisse cuire 3 min.

5. Sers bien chaud.

LA QUESTION DE MA MÈRE

VARIANTE ?
ENCORE DU SAUMON ! ON EN VOIT PARTOUT, TU N'AURAIS PAS UN AUTRE POISSON À ME PROPOSER ?

Ah bon... Tu peux éventuellement utiliser du cabillaud, ou du thon rouge.

Filets de merlan dorés aux amandes

Encore un record en matière de simplification. Les amandes ont toujours été les partenaires idéales des poissons. Les truites en savent quelque chose. Ici, elles sont réduites en poudre et mêlées à des blancs d'œufs pour former une croûte délicate qui protège la finesse du poisson. Attention à ne pas laisser brûler la surface, au risque de mettre ton merlan en colère.

Préparation 2 min
Cuisson 3 min

Pour 4 personnes

- 700 g de filets de merlan (2 filets par personne environ)
- 6 cuil. à soupe de poudre d'amande
- 4 blancs d'œufs
- 40 g de beurre
- 3 pincées de paprika
- Sel fin
- Poivre du moulin

1. Allume le gril du four.
2. Lave les filets de merlan sous l'eau froide et éponge-les soigneusement. Beurre légèrement un grand plat allant au four et dispose les filets côte à côte. Répartis le reste de beurre sur les filets et passe-les 1 min sous le gril du four.
3. Dans un bol, mélange les blancs d'œufs, la poudre d'amande, le paprika, du sel et du poivre. Verse ce mélange sur les filets de façon à les recouvrir uniformément et remets-les sous le gril jusqu'à ce que la croûte soit dorée (2 min environ).
4. Sers immédiatement.

UNE IDÉE

Remplace le merlan par de l'empereur ou du perche.

LA QUESTION DE MA MÈRE

JAUNES D'ŒUFS

COMBIEN DE TEMPS PUIS-JE GARDER LES JAUNES DONT JE NE ME SUIS PAS SERVIE ?

Les jaunes crus ne se conservent pas très longtemps car ils sont très perméables aux bactéries. Mets-les dans une tasse, couvre-la de film alimentaire et conserve-les 24 h tout au plus, au réfrigérateur. Tu peux les utiliser pour préparer une crème anglaise, un parfait glacé au chocolat et aux marrons (p. 258), un sabayon, etc.

Piccata de veau au citron et tagliatelles aux carottes

Bien qu'assez peu carnée, la cuisine italienne sait mettre en valeur la viande de veau. Taillée en tranches très fines, en « piccata », elle est cuite en un clin d'œil, puis relevée par quelques touches acides : sauge, citron, vin blanc. À propos de vin, ces piccata méritent que l'on reste dans le registre transalpin : orvieto ou gavie, et le repas est assuré.

Préparation 15 min **Cuisson** 10 à 12 min

Pour 4 personnes

- 4 escalopes de veau de 130 à 150 g chacune
- 200 g de tagliatelles fraîches
- 1 petit citron non traité
- 2 carottes
- 2 brins de persil plat
- 30 g de farine
- 25 g de beurre
- 20 cl de crème fraîche épaisse
- 3 cuil. à soupe d'huile d'olive
- 5 cl de vermouth
- Sel et poivre

1. Gratte les carottes et coupe-les en fines lanières d'une largeur égale à celle des tagliatelles à l'aide d'un couteau économe. Aplatis les escalopes en tapant dessus avec un pilon.
2. Fais bouillir de l'eau dans une casserole moyenne. Épluche le zeste du citron en évitant le blanc qui entoure les quartiers. Jette les zestes dans l'eau bouillante, compte 1 min puis ajoute les lanières de carottes, laisse cuire 30 s. Égoutte le tout. Coupe les zestes en lamelles, réserve les carottes.

3. Presse le citron. Effeuille et cisèle le persil.

4. Porte à ébullition une grande quantité d'eau salée et fais cuire les tagliatelles *al dente*.

5. Pendant ce temps, fais chauffer à feu vif le beurre avec 1 cuil. à soupe d'huile d'olive dans une grande poêle. Déposes-y les escalopes de veau, légèrement farinées, et fais-les dorer très rapidement 1 min sur chaque face. Retire les escalopes et pose-les sur une assiette préchauffée, assaisonne-les et couvre-les de papier aluminium.

6. Vide la graisse de cuisson sans essuyer la poêle. Verse le vermouth et le jus de citron, mélange pour décoller les sucs de cuisson et porte à ébullition. Laisse bouillir 3 min et ajoute la crème fraîche, puis porte de nouveau à ébullition. Hors du feu, ajoute les escalopes et retourne-les dans la sauce pour les réchauffer.

7. Égoutte les tagliatelles, verse-les dans la casserole avec les lanières de carottes, sale et poivre légèrement, ajoute 2 cuil. à soupe d'huile d'olive et mélange délicatement.

8. Dispose les tagliatelles sur les assiettes avec les escalopes et leur sauce. Décore avec des zestes émincés et du persil ciselé. Sers aussitôt.

UNE IDÉE

Pour une présentation raffinée, présente les tagliatelles en nids en les enroulant autour d'une fourchette.

Tu peux varier les plaisirs en remplaçant le persil par de la menthe et en parsemant les escalopes de graines de sésame grillées.

LA QUESTION DE MA MÈRE

VERMOUTH

JE N'EN AI PAS TOUJOURS SOUS LA MAIN, QU'EST-CE QUE JE PEUX EMPLOYER À LA PLACE ?

Un trait de cognac devrait faire l'affaire, ou un vin blanc un peu moelleux.

Magrets de canard laqués au miel et aux épices

Les épices peuvent varier à l'infini, voire s'éclipser de cette recette. L'essentiel est de respecter les temps de cuisson. Demande à ton boucher de dégraisser partiellement les magrets afin que la peau soit la plus fine possible, de cette façon, tu pourras la manger sans regrets.

Préparation 5 min

Cuisson 15 min

Pour 4 personnes

- 3 magrets de canard
- 3 cuil. à soupe de vinaigre de vin rouge
- 3 cuil. à soupe de miel liquide
- 1 pincée de vanille en poudre
- 1/2 cuil. à café de cannelle en poudre
- 1/2 cuil. à café de graines de coriandre
- 1/2 cuil. à café de cumin en poudre
- Sel et poivre du moulin

1. Préchauffe le four à 230 °C (th. 7-8).
2. Entaille la peau des magrets de 3 ou 4 coups de couteau assez profonds. Concasse les graines de coriandre grossièrement.
3. Verse le miel dans une petite casserole et laisse-le réduire jusqu'à ce qu'il ait une consistance de caramel, verse le vinaigre en remuant énergiquement et laisse épaissir à feu doux jusqu'à l'obtention d'un sirop. Ajoute les épices, mélange et retire du feu.

4. Sale et poivre les magrets. Pose-les dans un plat allant au four, côté peau en dessous, et fais-les cuire 10 min au four. Retourne-les et laisse cuire encore 3 min. Vide une bonne partie de la graisse qui a fondu dans le plat et retire la peau. Verse le mélange aux épices sur les magrets et fais caraméliser 1 min sous le gril.
5. Coupe les magrets en lamelles, et répartis-les dans les assiettes. Arrose avec la sauce et sers aussitôt.

UNE IDÉE...

Accompagne ces magrets d'une belle salade de mesclun assaisonnée d'une goutte de sauce soja et de vinaigre de riz.

LA QUESTION DE MA MÈRE

MAGRETS

POURQUOI FAUT-IL ENTAILLER LA PEAU DES MAGRETS, SACHANT QU'ON LA RETIRE ENSUITE ?

On entaille la peau pour éviter qu'elle ne se rétracte à la cuisson et pour lui permettre de lâcher plus facilement sa graisse. De cette façon, la chair sera plus moelleuse. En revanche, pour éviter l'avalanche de calories, je te conseille de dégraisser le plat (quitte à laisser 1 ou 2 cuil. de graisse tout de même) et de servir la chair sans la peau, qui n'apporte pas beaucoup de saveur.

Paupiettes de veau à la mozzarella

L'Italie, toujours l'Italie, oui mais à ma façon. Je ne pense pas que l'on puisse trouver trace dans un coin de la botte de ces petits ballotins garnis de jambon de Parme, de mozzarella et de feuilles de roquette. Mais moi, j'adore. Une exigence pour assurer l'harmonie du plat : les tranches de viande (veau et jambon) doivent être taillées très finement.

Préparation 30 min

Cuisson 30 min

Pour 4 personnes

- 4 tranches de veau larges et fines
- 8 tranches fines de jambon cru
- 250 g de mozzarella de bufflonne
- 30 g de beurre
- 100 g de roquette
- 1,5 kg de petits pois frais en cosse
- 20 oignons grelots
- 10 cl de vin blanc
- 1 cube de bouillon de volaille
- 1 cuil. à café de sucre en poudre
- Poivre du moulin

1. Écosse les petits pois. Dans une petite casserole, fais chauffer 50 cl d'eau avec le cube de bouillon. Pèle les oignons. Lave et essore la roquette.
2. Coupe les tranches de veau en deux dans la longueur. Aplatis-les légèrement. Pose une tranche de jambon sur

une tranche de veau et étale dessus un peu de mozzarella émincée. Poivre légèrement et pose à l'extrémité une petite poignée de roquette, roule le tout et pique avec 2 cure-dents ou ficelle bien serré. Prépare les autres paupiettes de la même façon.

3. Fais dorer les oignons dans une casserole avec 20 g de beurre. Ajoute les petits pois et verse la moitié du bouillon. Couvre et laisse cuire 15 min à petits bouillons.
4. Pendant ce temps, fais chauffer 10 g de beurre dans une sauteuse et fais dorer les paupiettes à feu assez vif, pendant 3 min. Verse le vin blanc et laisse évaporer. Ajoute le reste de bouillon, couvre et laisse cuire 5 min à feu doux, retourne les paupiettes et laisse cuire encore 5 min.
5. Retire les paupiettes et tiens-les au chaud dans le four tiède. Fais réduire la sauce.
6. Au bout des 15 min de cuisson, retire le couvercle des petits pois. Quand le liquide est évaporé, ajoute le sucre et laisse caraméliser 3 min. Sale et poivre si nécessaire, ajoute éventuellement un peu de beurre.
7. Sers les petits pois avec les paupiettes chaudes arrosées de sauce.

Une idée...

Pour varier les saveurs, remplace le jambon de pays par du jambon blanc fumé et la roquette par de l'oseille.

La question de ma mère

PAS LE TEMPS !

ÉCOSSER LES PETITS POIS, APLATIR LES ESCALOPES, PELER LES PETITS OIGNONS... PAS ÉVIDENT. TU N'AURAIS PAS QUELQUES ASTUCES POUR GAGNER DU TEMPS ?

On croit rêver ! Et le plaisir de manier le produit frais ? Bon, allez, si tu es vraiment prise par le temps, tu peux utiliser des petits pois et des oignons (grelots) surgelés. Pour ce qui est des escalopes, demande à ton boucher de les affiner. Mais il te faudra tout de même rouler les paupiettes !

Pavés d'espadon au poivre et salade d'oranges au pourpier

Encore plus que le thon, l'espadon est un poisson qui plaît à tous, même à ceux qui n'aiment pas le poisson. Sa chair serrée et tendre à la fois, son odeur discrète, sa couleur pâle en font un aliment des plus consensuels. Si, en plus, tu le cuis au poivre façon chateaubriand, les carnivores n'y verront que du feu. Si tu ne trouves pas de pourpier pour agrémenter ta salade d'agrumes, utilise des pousses d'épinards ou des feuilles de radis.

Préparation 20 min **Cuisson** 3 à 4 min

Pour 6 personnes

- 6 pavés d'espadon de 180 g environ
- 8 oranges navels
- 1 citron (jus)
- 2 brins de menthe
- 1 grosse poignée de feuilles de pourpier
- 20 olives noires dénoyautées
- 4 cuil. à soupe d'huile d'olive
- 1 cuil. à soupe rase de miel
- 3 pincées de cannelle en poudre
- 1 pointe de couteau de piment de Cayenne
- Fleur de sel et poivre mignonnette

1. Prépare la salade d'oranges : pèle 7 oranges à vif, de façon à retirer toute la peau. Détache les quartiers, réserve-les dans un saladier. Coupe les olives en quatre, ajoute-les aux oranges. Lave et essore le pourpier, sans détacher les feuilles des petits bouquets. Coupe-les en 4 ou en 8 lamelles et mets-les dans le saladier. Presse la dernière orange.

2. Mélange 4 cuil. à soupe de jus d'orange, 2 cuil. à soupe de jus de citron, le miel, 2 cuil. à soupe d'huile d'olive, de la fleur de sel, le piment de Cayenne et la cannelle. Fouette bien et verse sur les quartiers d'oranges, les olives et le pourpier. Mélange délicatement et laisse reposer le temps de cuire le poisson.
3. Dans une grande assiette, mélange 3 cuil. à soupe de poivre noir concassé (mignonnette) et 1 cuil. à soupe de fleur de sel. Passe les morceaux d'espadon dans ce mélange de telle sorte qu'ils soient en partie couverts.
4. Fais chauffer une grande poêle avec 2 cuil. à soupe d'huile d'olive. Lorsque l'huile est bien chaude, mets à cuire les pavés d'espadon 1 à 2 min de chaque côté selon l'épaisseur. Retire les pavés, déglace la poêle avec un peu de jus d'orange et verse sur les pavés.
5. Sers bien chaud avec la salade d'oranges décorée de feuilles de menthe ciselées.

UN CONSEIL

Attention à ne pas trop cuire l'espadon, il se dessèche très vite.

LA QUESTION DE MA MÈRE

ORANGES
POURQUOI DES ORANGES NAVELS ?

Les navels sont des oranges de table et non à jus. Si tu crains l'acidité des oranges, tu peux les remplacer par du pamplemousse.

MIEL
COMMENT LE FAIS-TU LIQUÉFIER ?

Il suffit de le faire chauffer au micro-ondes ou à la casserole quelques minutes.

Pavés de morue aux fèves et au chorizo

C'est en poussant la porte de l'un des meilleurs restaurants portugais de la capitale que j'ai découvert les innombrables facettes de la morue. Est-ce son nom, cruelle insulte à la beauté des femmes, ou son fastidieux dessalage qui l'ont tenue éloignée de nos fourneaux ? Dommage, car elle se mange à toutes les sauces sans jamais perdre sa personnalité. Bon à savoir : on trouve depuis peu des pavés de morue dessalée dans les magasins d'alimentation surgelée.

Préparation 15 min
Cuisson 12 min

Pour 4 personnes
- 4 pavés de morue dessalée, épais et avec la peau
- 500 g de fèves écossées ou 2,5 kg de fèves en cosse
- 2 gousses d'ail
- 3 brins de basilic
- 100 g de chorizo doux en rondelles pas trop fines
- 3 cuil. à soupe d'huile d'olive
- 1 cube de bouillon de volaille
- Sel et poivre

1. Porte à ébullition une grande quantité d'eau avec le cube de bouillon. Hache l'ail. Lave, sèche et cisèle les feuilles de basilic. Éponge la morue.
2. Écosse les fèves si nécessaire. Fais-les cuire dans le bouillon brûlant 5 à 7 min, égoutte-les et garde 1 petite louche de jus de cuisson, puis rafraîchis-les.
3. Fais chauffer 2 cuil. à soupe d'huile d'olive dans une poêle et mets à dorer les pavés de morue côté peau,

pendant 10 min, à feu doux, jusqu'à ce que la peau soit croustillante. Retourne-les et laisse cuire encore 2 min. Dépose-les sur une grille et couvre-les pour les maintenir au chaud.

4. Pendant ce temps, coupe les rondelles de chorizo en deux et fais-les revenir dans une sauteuse, ajoute l'ail haché et laisse cuire 2 min à feu moyen.
5. Ajoute les fèves, verse la louche de bouillon réservée, mélange et laisse chauffer 1 min. Rectifie l'assaisonnement et ajoute le basilic ciselé hors du feu.
6. Répartis les fèves dans des assiettes creuses et dépose les pavés de morue côté peau dessus. Arrose avec le reste d'huile d'olive, sale et poivre. Sers de suite.

UNE IDÉE…

Pour être fidèle à la tradition basque, saupoudre les fèves de piment d'Espelette.
Tu peux remplacer le chorizo par des petits dés de lard fumé et la morue par du cabillaud ou du merlu.

LA QUESTION DE MA MÈRE

MORUE OU CABILLAUD ? QUELLE DIFFÉRENCE DÉJÀ ?

La morue n'est autre que le cabillaud salé, puis mis à dessaler longuement sous un filet d'eau fraîche avant d'être cuisiné. Cette opération raffermit sa texture et corse sa saveur. Le poisson frais, qui n'est pas passé par la phase de salage, est donc appelé cabillaud.

Suprêmes de poulet au raisin frais

Si l'intitulé fait un peu « ouachi-ouacha », la recette est toute bête et presque impossible à rater. En revanche, sois intransigeante sur la qualité du poulet : fermier, bien sûr, label rouge ou bio, c'est encore mieux. Dans tous les cas, évite les blancs anonymes présentés en barquette au supermarché.

Préparation 10 min
Cuisson 20 min

Pour 4 personnes

- 4 suprêmes de poulet désossés sans peau
- 400 g de raisin blanc italia
- 2 brins d'estragon
- 2 échalotes
- 40 g de beurre
- 10 cl de crème fleurette
- 1 cuil. à soupe de marmelade d'oranges
- 20 cl de vin blanc
- 2 pincées de noix muscade en poudre
- Sel et poivre

1. Sale les suprêmes et saupoudre-les de noix muscade. Fais chauffer le beurre dans une grande poêle et fais-y dorer les suprêmes à feu moyen. Ajoute la marmelade d'oranges, l'échalote ciselée et le vin. Couvre et laisse cuire 10 min à feu doux.
2. Pendant ce temps, lave et sèche le raisin et l'estragon.
3. Ajoute les raisins et l'estragon ciselé dans la poêle, couvre et laisse cuire toujours à feu doux, 10 nouvelles min.

4. Retire les suprêmes et les raisins de la poêle à l'aide d'une écumoire. Réserve au chaud dans le four tiède. Ajoute la crème fleurette. Porte à ébullition et laisse réduire quelques instants. Sale et poivre.
5. Verse la crème sur le poulet et dispose le raisin sur le côté. Sers ce plat avec du riz parfumé ou des pâtes fraîches.

UN CONSEIL

Remplace les suprêmes par des blancs « fermiers » ou des cuisses de poulet désossées : il te suffira de prolonger la cuisson de 10 min. Tu peux aussi remplacer le raisin par des mirabelles.

LA QUESTION DE MA MÈRE

SUPRÊME DE POULET ? **DE QUOI S'AGIT-IL ?**

C'est ce que l'on considère comme le meilleur morceau du poulet : les blancs avec un morceau d'aileron.

RAISIN **POURQUOI DU RAISIN ITALIA, PLUTÔT QU'UN AUTRE ?**

Parce qu'il est sans pépins. Sinon, tu peux toujours t'essayer à l'exercice de l'épépinage.

Ailes de poulet croustillantes aux flocons d'avoine

Un petit clin d'œil aux célèbres *chicken wings* si appréciées des enfants. Ils ne font en général qu'une bouchée de celles-ci, qui ont l'avantage d'être préparées avec des flocons d'avoine et cuites à la minute. Pour diminuer les graisses, remplace les ailerons par des aiguillettes (blancs coupés en tranches dans la longueur).

Préparation 5 min
Cuisson 5 min

Pour 4 personnes

- 8 ailerons de poulet
- 2 gros œufs
- 200 g de farine
- 300 g de flocons d'avoine
- 1 litre d'huile pour friture
- 1 cuil. à soupe de paprika
- Sel et poivre

1. Verse l'huile dans une petite casserole et fais-la chauffer à feu assez vif.
2. Casse les œufs dans une assiette creuse et fouette-les. Place la farine dans une autre assiette, ajoute le paprika, sale, poivre et mélange. Enfin, verse les flocons d'avoine dans une dernière assiette.
3. Quand l'huile est bien chaude, immerge les ailerons dedans et laisse cuire 3 min jusqu'à ce qu'ils dorent légèrement. Procède par fournées successives et égoutte-les sur du papier absorbant. Monte légèrement la température de l'huile à la fin de l'opération.
4. Préchauffe le four à 150 °C (th. 5).

5. Passe d'abord les ailes dans la farine, puis dans l'œuf battu et roule-les enfin dans les flocons d'avoine. Plonge-les à nouveau dans l'huile chaude et laisse cuire 2 min. Retire-les délicatement à l'écumoire, égoutte-les à nouveau et réserve-les au four jusqu'à ce qu'elles soient toutes cuites.
6. Sers bien chaud avec de la sauce barbecue et des rondelles de courgettes frites.

UNE IDÉE… **Enrichis tes flocons d'avoine d'épices diverses : graines de cumin, d'anis ou de sésame, cannelle ou coriandre en poudre.**

Brochettes de magrets aux pruneaux

J'apprécie la simplicité de ce plat. Je pousse très loin l'art de ne pas me prendre la tête lorsque je reçois à dîner, et cette recette en est un bel exemple. Rapidement préparée, elle me laisse tout le loisir de me consacrer à l'accompagnement : en général, mon incontournable dauphinois de fenouil et pommes de terre (p. 181). De l'équilibre des efforts dépend souvent l'équilibre des saveurs.

Préparation 5 min **Cuisson** 10 min
Pour 4 personnes

- 2 magrets de canard
- 400 g de pruneaux d'Agen dénoyautés
- 1 verre de vin blanc
- 1 verre à liqueur d'armagnac
- 1 cuil. à soupe d'huile de tournesol
- 1 cuil. à soupe de miel
- 1 cuil. à soupe de mélange tout prêt de poivre en grains et de baies roses
- Sel et poivre

1. Place les pruneaux dans une casserole, couvre-les avec le vin blanc, l'armagnac, le miel et un peu d'eau. Laisse cuire 5 min à petits bouillons. Allume le gril du four.
2. Coupe les magrets en deux dans la longueur puis recoupe-les en gros cubes et ôte un peu de gras.
3. Égoutte les pruneaux et réserve-les. Ajoute les baies dans la casserole et laisse réduire la sauce jusqu'à 1/2 verre.
4. Alterne cubes de canard et pruneaux sur des piques à brochettes. Sale, poivre et badigeonne avec un peu d'huile (ou un peu de gras de canard fondu). Mets-les sous le gril et laisse-les griller 5 min en les retournant en cours de cuisson.
5. Sers bien chaud, accompagné de la sauce au vin.

UNE IDÉE…

Propose éventuellement une purée de céleri en accompagnement.

LA QUESTION DE MA MÈRE

GRAISSE

POURQUOI AJOUTER DE L'HUILE ALORS QUE LA VIANDE DE CANARD EST DÉJÀ GRASSE ?

Pour éviter que la chair ne brûle sous le gril. Habituellement, les magrets de canard sont cuits dans leur graisse car on les poêle d'abord côté peau, avant de les retourner côté chair.

Foie gras doré aux noix

La texture un peu gélatineuse du foie gras poêlé peut déplaire à certains. C'est pour lui donner un peu de mordant que je l'enrobe d'une fine couche de poudre de noix. Si j'ai le temps, je fais également mariner mes escalopes quelques heures dans un peu d'armagnac et de porto. Inutile de huiler la poêle car le foie lâche suffisamment de gras pendant la cuisson pour permettre à la chapelure de noix de colorer.

Préparation 10 min
Cuisson 12 min

Pour 4 personnes

- 4 belles escalopes de foie gras (de 100 g chacune)
- 1/2 citron (jus)
- 2 pommes fondantes, type royal gala
- 100 g de poudre de noix
- 40 g de cerneaux de noix entiers
- 40 g de figues sèches
- 1 œuf
- 30 g de beurre
- 1 bol de farine
- 2 cuil. à soupe de banyuls ou de vin blanc doux
- Sel et poivre

1. Tranche les escalopes de foie gras et retire les nerfs apparents à la pince à épiler, ça marche très bien. Entrepose-les au réfrigérateur.
2. Coupe les figues en lamelles de 0,5 cm de large, pèle les pommes, coupe-les en quartiers, puis chaque quartier en deux. Citronne-les.

3. Fais fondre le beurre dans une poêle, fais-y dorer les pommes 5 min à feu moyen. Retourne-les, ajoute les cerneaux de noix et les lamelles de figues et laisse cuire encore 5 min.
4. Verse un peu de farine dans une assiette creuse, l'œuf battu dans une autre et la poudre de noix dans une troisième. Sale et poivre la poudre de noix.
5. Chauffe une autre poêle à feu vif. Passe les escalopes de foie successivement dans la farine, dans l'œuf puis dans la poudre de noix. Poêle-les 30 s de chaque côté et dispose-les dans les assiettes.
6. Déglace la poêle avec le banyuls, arrose les escalopes de ce jus et sers avec les fruits dorés au beurre.

UN CONSEIL

Saupoudre les tranches de foie gras d'1/2 cuil. à café de sel, additionné de poivre noir et d'1 cuil. à café de quatre-épices.

LA QUESTION DE MA MÈRE

ESCALOPES DE FOIE GRAS CRU

OÙ EN TROUVER ?

À ma connaissance, on ne peut pas les acheter prédécoupées (sauf dans les magasins d'alimentation surgelée type Picard). Il te faut acheter un lobe entier (400 à 600 g) chez le boucher ou le volailler et le détailler en escalopes toi-même. Pour utiliser les restes, tu peux préparer des brochettes amusantes en alternant cubes de foie gras cru et dés de pomme et passer tout cela 1 min à la poêle.

VARIANTE ?

EST-CE QUE JE PEUX UTILISER D'AUTRES FRUITS QUE LES POMMES ?

Oui, pourquoi pas... Des mirabelles, des poires pas trop mûres, des figues fraîches...

Sauté de veau au gingembre

Un plat de dernière minute, idéal pour les dîners en amoureux. C'est un régal avec des pâtes fraîches ou des courgettes sautées à la menthe.

Préparation 10 min
Cuisson 15 min

Pour 6 personnes

- 900 g d'escalopes de veau
- 2 cuil. à soupe de gingembre en poudre ou 1 cuil. à soupe de gingembre frais râpé (soit un petit morceau de racine)
- 1 citron vert non traité
- 2 oignons
- 50 g de beurre
- 20 cl de crème fleurette
- Sel et poivre

1. Coupe les escalopes en fines lanières. Pèle et émince les oignons. Râpe le zeste du citron vert et presse-le pour en exprimer le jus.
2. Dans une sauteuse, fais revenir au beurre les oignons hachés jusqu'à ce qu'ils blondissent. Ajoute les lanières de viande, parsème de gingembre et laisse cuire 10 min à feu moyen en remuant souvent. Sale et poivre.
3. Ajoute le zeste du citron, puis le jus pour déglacer la poêle. Verse la crème fraîche, mélange bien, laisse chauffer quelques instants et retire du feu.
4. Sers aussitôt avec du riz parfumé.

UNE IDÉE...

Sers avec des pousses d'épinards poêlées, légèrement aillées.

Tu peux remplacer le veau par de la dinde.

LA QUESTION DE MA MÈRE

CRÈME FRAÎCHE BOUILLIE

JE ME TROMPE, OU IL FAUT TOUJOURS ÉVITER DE FAIRE BOUILLIR LA CRÈME FRAÎCHE ?

Ce n'est pas interdit, la crème supporte très bien l'ébullition et il est amusant de noter que, sous l'effet de la chaleur, la crème épaisse a tendance à se solidifier, tandis que la crème fleurette s'épaissit ! Si je déconseille l'ébullition pour cette recette, c'est parce que cela pourrait durcir la viande.

RIEN À FAIRE... QU'attendre

Cailles confites aux deux raisins

D'habitude, je verse plutôt dans la recette consensuelle, carpaccio, légumes marinés, poulet caramélisé... Là, certains risquent de redouter le litre d'huile d'olive dans lequel je cuis les cailles, sans parler de la tête d'ail que j'y adjoins. Les amis qui ont eu l'occasion de déguster cette recette reconnaîtront toutefois qu'elle n'est ni grasse, ni agressive. Au contraire, l'huile permet à l'ail de confire doucement et aux cailles de cuire à cœur. Avec ce plat délicat, j'aime servir un côtes-de-provence rosé ou un bourgogne rouge, type savigny-lès-beaune. Je prévois deux cailles par personne parce que je déteste ne pas pouvoir resservir mes invités, mais il se peut qu'une suffise. À toi de juger.

Préparation 15 min
Cuisson 30 min

Pour 4 personnes

- 8 cailles prêtes à cuire
- 1 tête d'ail
- 400 g de raisin blanc
- 60 g de raisins secs
- 1 cuil. à soupe de romarin séché
- 3 branches de thym
- 2 feuilles de laurier
- 1/2 cuil. à café de cannelle en poudre
- 1 litre d'huile d'olive
- 20 g de beurre
- Sel et poivre du moulin

1. Lave et sèche la tête d'ail entière sans la peler.
2. Dépose les cailles dans une cocotte, verse l'huile d'olive, le romarin, le thym, les feuilles de laurier et la tête d'ail, coupée en quatre. Couvre et fais cuire 30 min à feu doux.

3. Épluche et égraine le raisin. Fais chauffer le beurre dans une poêle 10 min avant la fin de la cuisson des cailles. Verse les raisins secs et laisse gonfler 5 min à feu moyen en remuant régulièrement. Ajoute le raisin frais, et saupoudre cette poêlée fruitée de cannelle et d'un peu de sel. Mélange et laisse cuire encore 5 min.
4. Égoutte les cailles, éponge-les et dispose-les dans les assiettes. Sale et poivre légèrement. Sers accompagné de la poêlée de raisins et des grains d'ail détachés de la tête.

UN CONSEIL

Si les cailles ne sont pas complètement recouvertes d'huile d'olive, remue-les à mi-cuisson pour que la cuisson soit homogène.

UNE IDÉE

Avec les restes, tu peux préparer des petites pastillas de caille aux raisins : hache la chair des cailles et les raisins, ajoute un peu d'ail pressé, mélange le tout avec 1 brin de coriandre ciselée et farcis des feuilles de brick de ce mélange. Fais dorer 5 min à la poêle dans un peu d'huile d'olive. Sers avec une purée de petits pois au cerfeuil. Ce plat est très facile à réaliser : prends 500 g de petits pois, 20 cl de crème, 1 bouquet de cerfeuil, du sel, du poivre, et passe le tout au mixeur.

Poulet à l'ail

Doré, puis cuit lentement à l'étouffée, le poulet garde toute sa saveur et son moelleux. J'aime bien le servir accompagné d'une poêlée de girolles déglacée au porto. Écrase les gousses qu'il te reste pour en recueillir la pulpe, ajoute un peu de lait. Tu pourras conserver cette purée d'ail 1 semaine dans un bocal ou dans une boîte en plastique hermétique.

Préparation 10 min
Cuisson 1 h 30

Pour 4 personnes

- 1 poulet fermier vidé d'environ 1,4 kg
- 4 têtes d'ail
- 2 branches de thym
- 5 feuilles de laurier
- 200 g de farine
- 2 cuil. à soupe d'huile d'olive
- Sel et poivre

1. Verse la farine dans une terrine et ajoute un peu d'eau. Mélange et pétris cette pâte pour obtenir une boule souple et humide. Couvre d'un linge.
2. Préchauffe le four à 200 °C (th. 6-7).
3. Place les herbes à l'intérieur du poulet, sale et poivre. Badigeonne le poulet d'huile d'olive.
4. Prends une cocotte qui va au four, et fais-y dorer le poulet sur toutes ses faces.
5. Détache les gousses d'ail sans les peler et ajoute-les dans la cocotte. Couvre et répartis la pâte en bande le long des bords du couvercle de façon à le souder à la cocotte. Enfourne 1 h 30.
6. Découpe le poulet en morceaux, arrose avec la sauce recueillie dans la cocotte et sers accompagné des gousses d'ail.

LA QUESTION DE MA MÈRE

PÂTE BANDÉE

COMMENT FAIS-TU POUR FAÇONNER UNE BANDE DE PÂTE SANS LA CASSER ?

Il vaut mieux ajouter l'eau petit à petit sur la farine, afin d'obtenir une pâte souple mais élastique. Ensuite, il te suffit de l'étendre au rouleau à pâtisserie sur environ 10 cm de large.

Calmars aux échalotes caramélisées

J'aime bien l'association des calmars fermes, presque croustillants, et des échalotes fondues et caramélisées. Jusque-là cet avis a été largement partagé par mes invités !

Préparation 20 min **Cuisson** 7 min

Marinade 1 h

Pour 4 personnes

- 1 kg de calmars
- 5 échalotes
- 2 cuil. à café d'ail haché (2 gousses d'ail)
- 1 citron (jus)
- 2 cuil. à soupe d'huile de sésame
- 2 cuil. à soupe d'huile neutre
- 1 cuil à café de sucre
- 2 cuil. à soupe de sauce soja
- 1 cuil. à café de gingembre en poudre
- 1 bonne pincée de piment de Cayenne

1. Vide les calmars en détachant la tête et en ôtant le bec corné qui se trouve entre les tentacules. Coupe les tentacules et réserve-les. Retire la fine peau qui recouvre le cornet. Lave les calmars et coupe-les en anneaux de 1 cm de large.

2. Mélange la sauce soja, l'huile de sésame, 2 cuil. à soupe de jus de citron, 2 cuil. à café d'ail haché, le gingembre et le piment de Cayenne. Mêle les calmars, anneaux comme tentacules, à cette sauce et laisse mariner au frais 1 h au moins (ou même toute une nuit).
3. Fais chauffer l'huile neutre dans une grande poêle et fais sauter les échalotes hachées 2 min à feu vif avec le sucre en poudre, ajoute les calmars et fais sauter à feu vif pendant 5 min, dans leur marinade.
4. Sers bien chaud avec une poêlée de brocolis.

LA QUESTION DE MA MÈRE

EAU DES CALMARS

MES CALMARS LÂCHENT PARFOIS BEAUCOUP D'EAU À LA CUISSON. DOIS-JE VIDER LA POÊLE DE CETTE EAU ?

Non, surtout pas, d'autant que tu jetterais la sauce avec, quelle que soit la recette. L'eau des calmars ne doit jamais être jetée, car elle contient tous les sucs, c'est-à-dire une grande partie du goût. Contente-toi donc de la faire réduire, après avoir retiré les calmars.

Carré d'agneau en croûte d'amandes

La cuisson du carré d'agneau est assez délicate : trop rouge, il devient impossible à mâcher, trop cuit, il perd son parfum et sa tendreté. Le mieux est encore de te fier au conseil de ton boucher selon la taille des pièces et la puissance de ton four. Dans les verres, pas d'hésitation, on mise sur un rouge un peu tannique, comme un saint-émilion ou un minervois. Présente les carrés entiers sous leur croûte, avant de les découper devant tes invités.

Préparation 10 min
Cuisson 21 min
Repos 10 min

Pour 4 personnes

- 2 carrés d'agneau de 6 côtes chacun
- 8 gousses d'ail
- 3 branches de thym
- 80 g de poudre d'amande
- 1 œuf
- 15 g de beurre
- 1 cuil. à soupe d'huile d'olive
- 40 g de pain de mie
- Sel et poivre du moulin

1. Préchauffe le four à 210 °C (th. 7).
2. Fais fondre le beurre dans une petite casserole ou au micro-ondes.
3. Verse la poudre d'amande dans une terrine. Retire la croûte du pain de mie et réduis-le en poudre au hachoir ou coupe-le très finement. Verse cette chapelure dans la terrine, ajoute l'œuf, le thym effeuillé et le beurre fondu. Sale et poivre légèrement. Mélange tout cela du bout des doigts.

4. Sale et poivre les carrés d'agneau. Détache les gousses d'ail sans les peler, pose-les dans un grand plat allant au four et arrose-les avec 2 cuil. à soupe d'eau tiède et l'huile d'olive. Pose dessus les carrés d'agneau et fais-les cuire 5 min au four, côté bombé vers le haut.
5. Retire le plat du four et enduis les carrés de la préparation aux amandes sur le côté bombé. Remets au four, la croûte d'amande toujours vers le haut, et laisse cuire encore 15 min.
6. Sors les carrés du four et laisse-les reposer 10 min à l'entrée du four. Allume le gril du four et fais dorer la croûte d'amande 1 min, avant de servir.
7. Propose les carrés entourés des gousses d'ail et accompagnés d'une ratatouille à la provençale ou de pommes de terre aux olives.

UN CONSEIL

Ces carrés peuvent être conservés 24 h au réfrigérateur et consommés froids (mais pas glacés).

UNE IDÉE

Tu peux remplacer les amandes par un mélange de noix et de pignons.

Entoure les carrés de tomates coupées en deux et couvertes du mélange aux amandes.

LA QUESTION DE MA MÈRE

VARIANTE ? SI JE SUIS SEULE, PUIS-JE PRÉPARER CETTE RECETTE AVEC 2 OU 3 CÔTES D'AGNEAU ?

Oui, il te suffit de les poser dans un plat allant au four, de les couvrir du mélange aux amandes et de les faire cuire 15 min seulement.

Cuisses de lapin rôties à la graine de moutarde

Une version personnelle du traditionnel lapin à la moutarde. Si tu ne trouves pas de graines de moutarde, utilise de la moutarde en grains (à l'ancienne), en augmentant un peu la quantité. J'aime bien ajouter une touche de miel pour arrondir la sauce et la rendre plus sirupeuse.

Préparation 15 min

Cuisson 30 min

Pour 4 personnes

- 4 cuisses de lapin
- 12 petites pommes de terre roseval
- 4 carottes nouvelles
- 2 échalotes
- 2 brins d'estragon
- 2 cuil. à soupe d'huile d'olive
- 1 cuil. à soupe de graines de moutarde
- 1 cuil. à soupe de moutarde forte
- 10 cl de vin blanc sec
- 1/2 cube de bouillon de volaille
- Sel et poivre

1. Préchauffe le four à 180 °C (th. 6).
2. Sale et poivre légèrement les cuisses de lapin. Pèle et émince les échalotes.
3. Fais chauffer l'huile d'olive dans une cocotte allant au four, à feu moyen, et fais-y dorer les cuisses et les échalotes, pendant 5 min, en les retournant souvent.

4. Pendant ce temps, gratte les carottes et coupe-les en deux dans la longueur. Lave et sèche les pommes de terre. Écrase les graines de moutarde. Dilue le 1/2 cube de bouillon dans 25 cl d'eau bouillante.
5. Ajoute les carottes et les pommes de terre dans la cocotte et fais-les dorer 2 min. Verse les graines de moutarde, le vin blanc et le bouillon. Laisse bouillir à découvert quelques instants, couvre et enfourne. Laisse cuire 15 min en arrosant et en retournant les cuisses à mi-cuisson. Lave et cisèle l'estragon.
6. Dispose les cuisses et les légumes dans les assiettes, mets la cocotte sur feu moyen, ajoute la moutarde, remue quelques instants, ajoute l'estragon ciselé, rectifie l'assaisonnement et arrose les cuisses de cette sauce. Sers aussitôt.

LA QUESTION DE MA MÈRE

VARIANTE ?
PUIS-JE PRÉPARER CETTE RECETTE AVEC UN LAPIN ENTIER ?

Oui. Demande à ton boucher de te couper le râble en 3 tronçons.

Curry de lotte aux poireaux et aux amandes

Au même titre que le thon ou l'espadon, la lotte est souvent appréciée par ceux qui boudent le poisson. Dénuée d'arêtes, elle possède une chair ferme et brillante au faible goût de poisson et à la saveur fraîche. Toutefois, cette neutralité impose une sauce bien parfumée, largement relevée. Attention également à la cuisson : trop poussée, elle rendrait la chair de la lotte dure et sèche.

Préparation 15 min

Cuisson 20 min

Pour 4 personnes

- 4 filets de lotte de 150 à 200 g chacun
- 2 poireaux (ou 600 g de poireaux surgelés et coupés en rondelles)
- 150 g de chair de tomates fraîches ou de tomates pelées au naturel
- 1 gros oignon
- 2 brins de menthe
- 2 cuil. à soupe d'amandes effilées
- 1 cuil. à soupe de curry en poudre
- 1 giclée de Tabasco
- 2 yaourts brassés
- 30 g de beurre
- Sel

1. Pèle et émince l'oignon. Lave, sèche et cisèle les feuilles de menthe.
2. Fais blondir l'oignon émincé dans 15 g de beurre. Saupoudre de curry et de sel, ajoute le Tabasco. Mélange quelques instants. Ajoute les tomates, grossièrement écrasées, puis les morceaux de lotte, mélange, sale, couvre et laisse cuire 15 min, à feu doux. Remue de temps en temps.
3. Pendant ce temps, lave les poireaux, retire les racines et les parties les plus vertes. Émince les blancs en rondelles. Fais fondre dans une poêle, à feu doux, pendant 10 min, les rondelles de poireaux avec le reste du beurre. Sale et ajoute la menthe ciselée.
4. Égoutte le poisson, ajoute les yaourts dans la sauce, fais réduire 3 min à feu vif. Rectifie l'assaisonnement.
5. Présente le poisson arrosé de sauce et parsemé d'amandes effilées, et sers avec la fondue de poireaux.

UNE IDÉE...

Tu peux remplacer la tomate fraîche par 1 cuil. à soupe de concentré de tomate.

LA QUESTION DE MA MÈRE

YAOURT

POURQUOI CONSEILLES-TU DU YAOURT PLUTÔT QUE DE LA CRÈME FRAÎCHE ?

Le yaourt apporte une touche d'acidité plutôt bienvenue dans cette recette. Et puis c'est plus léger !

Rôti de porc comme à la campagne

C'est en Touraine que j'ai découvert cette recette, en vacances chez des amis qui avaient la chance de bénéficier des services de l'une des meilleures cuisinières de la région. Hommage à Mireille et à son délicieux rôti, que je ne réussirai probablement jamais aussi bien qu'elle. Je me console en pensant que je peux peut-être lui apprendre 2 ou 3 recettes de carpaccio...

Préparation 10 min
Cuisson 1 h 15

Pour 6 personnes

- 1 rôti de porc d'environ 1,2 kg dans l'échine
- 100 g de lardons fumés
- 20 g de beurre
- 5 cuil. à soupe de moutarde en grains
- 1 cuil. à soupe de fond de veau déshydraté
- Poivre

1. Hache finement les lardons. Découpe le rôti dans le sens de la longueur en 3 tranches égales, comme un mille-feuilles. Dispose les 3 tranches côte à côte sur le plan de travail. Poivre les 2 tranches du dessous, étale un peu de moutarde dessus, couvre-les de lardons hachés, puis recouvre de moutarde. Recompose le rôti en superposant les 3 morceaux et ficelle-le bien serré.
2. Fais chauffer le beurre dans une cocotte et fais dorer la viande sur tous ses côtés.
3. Verse le fond de veau dilué dans 15 cl d'eau, couvre et laisse mijoter 1 h à 1 h 15, à feu doux. Retourne et arrose le rôti de temps en temps.
4. Sers le rôti coupé en tranches et accompagné de pâtes fraîches, de navets ou de carottes glacées au beurre.

UNE IDÉE

Demande à ton boucher de te découper le rôti en 3 pour n'avoir plus qu'à le farcir.

LA QUESTION DE MA MÈRE

VARIANTE ? PUIS-JE UTILISER DU BOUILLON EN CUBE À LA PLACE DU FOND DE VEAU DÉSHYDRATÉ EN POUDRE ?

Éventuellement. Dans ce cas, 1/2 cube pour la même quantité d'eau suffit.

Filet mignon de porc laqué au gingembre et aux épices

Le filet mignon est sans doute la partie la plus tendre et la plus savoureuse du porc. Pour qu'il garde tout son moelleux, arrose-le fréquemment pendant la cuisson. Petit conseil : achète un filet en plus car cette viande est délicieuse froide, accompagnée de sa sauce épicée.

Préparation 10 min **Cuisson** 50 min

Marinade 6 h

Pour 4 personnes

- 2 filets mignons de porc

Pour la marinade :

- 2 gousses d'ail
- 4 cuil. à soupe de sauce soja
- 2 cuil. à soupe de xérès sec (ou vin de riz)
- 1 cuil. à soupe d'huile
- 1 cuil. à soupe de sucre en poudre
- 2 cuil. à soupe de miel
- 1 cuil. à soupe rase de cinq-épices
- 1 cuil. à soupe de gingembre frais râpé

1. Hache les gousses d'ail.
2. Dans un plat creux, mélange tous les ingrédients de la marinade. Ajoute la viande et arrose-la généreusement de ce mélange. Couvre et laisse reposer 6 h au moins à température ambiante en la retournant de temps en temps.
3. Préchauffe le four à 210 °C (th. 7).
4. Égoutte la viande, réserve la marinade. Mets la viande dans le four, sur une grille. Dispose en dessous un plat dans lequel tu auras versé 1 verre d'eau. Fais rôtir le porc 20 min en le retournant et en l'arrosant de temps de temps de marinade. Baisse le four à 180 °C (th. 6) et laisse cuire encore 30 min en continuant d'arroser régulièrement. La sauce doit être bien sirupeuse.
5. Arrose de sauce le rôti coupé en tranches, et laisse reposer 5 min. Accompagne de riz sauvage et de riz complet.

LA QUESTION DE MA MÈRE

VARIANTE ?

SI JE SUIS SEULE, EST-CE QUE JE PEUX PRÉPARER CETTE RECETTE AVEC DES MÉDAILLONS DE VEAU ?

Tout à fait. Prends un « grenadin » de veau de 200 g environ. Fais-le mariner dans la moitié de la marinade, puis fais-le cuire à la poêle 5 min de chaque côté à four moyen, puis doux.

Dorade rôtie et fenouil aux deux tomates

Les mérites du mariage de la dorade et du fenouil ne sont plus à vanter. Le légume est ici cuit lentement à l'étouffée et relevé de quelques tomates séchées. Sur ces saveurs pointues, j'opte pour un blanc à la personnalité affirmée : chablis ou hermitage blanc servi frais.

Préparation 15 min
Cuisson 25 min

Pour 4 personnes
- 2 belles dorades roses (ou grises), vidées et écaillées
- 2 bulbes de fenouil
- 2 oignons
- 2 tomates
- 2 citrons
- 1 petit bouquet de persil plat
- 4 lamelles de tomates séchées
- 4 cuil. à soupe d'huile d'olive
- Sel et poivre

1. Lave les bulbes de fenouil, retire les cœurs avec un petit couteau bien pointu, coupe-les en deux et émince-les en tranches fines. Réserve les pluches.
2. Préchauffe le four à 210 °C (th. 7).
3. Presse 1 citron. Coupe l'autre citron ainsi qu'1 tomate, en rondelles de 0,5 cm d'épaisseur.
4. Fais chauffer 2 cuil. à soupe d'huile d'olive dans une sauteuse à feu moyen, fais dorer les oignons hachés, verse la moitié du jus de citron, les tomates séchées coupées

en allumettes, et les lamelles de fenouil, couvre et laisse cuire à petit feu, pendant 30 min.

5. Cisèle le persil. Réserve 1 pincée pour décorer le fenouil.

6. Coupe la tomate restante en deux, retire les pépins et taille-la en dés. Ajoute ces dés sur le fenouil, 5 min avant la fin de la cuisson. Ils doivent chauffer sans cuire.

7. Pendant ce temps, sale et poivre les dorades, farcis-les de pluches de fenouil mélangées au persil ciselé. Place-les dans un plat allant au four et couvre-les de rondelles de citron et de tomates. Arrose avec 2 cuil. à soupe d'huile d'olive et la moitié du jus de citron restant. Enfourne et laisse cuire 20 min en arrosant de temps en temps avec un peu d'eau tiède.

8. Sers la dorade avec le fenouil aux deux tomates parsemé de persil.

UNE IDÉE

Enduis la dorade d'huile d'olive avant de la placer au réfrigérateur, elle ne se desséchera pas et sera délicatement parfumée.
Remplace la dorade par du loup, le persil par de l'aneth ou de la coriandre, et les tomates séchées par des câpres.

LA QUESTION DE MA MÈRE

CUISSON DU POISSON

AS-TU UN TRUC POUR ÊTRE SÛRE DE LA CUISSON DU POISSON ?

Pique la tête du poisson avec une fourchette, et tourne légèrement. Si la tête se détache facilement, le poisson est cuit.

Hachis Parmentier de canard au céleri

Pas très éloigné du Parmentier proposé dans mon premier recueil de recettes *La Cuisine de Julie,* si ce n'est l'ajout de céleri qui allège et parfume la traditionnelle purée de pommes de terre et l'utilisation de l'eau de cuisson à la place du lait. Comme il est difficile d'acheter des quartiers de céleri-rave, inspire-toi des recettes du chapitre « Saladeries » pour utiliser les restes.

Préparation 15 min
Cuisson 1 h

Pour 6 personnes

- 3 magrets de canard
- 1 kg de pommes de terre bintje
- 300 g de céleri-rave
- 2 gousses d'ail
- 1/2 bouquet de persil plat
- 2 pincées de noix muscade en poudre
- Sel et poivre

1. Épluche le céleri et les pommes de terre et coupe-les en morceaux égaux. Place le tout dans une casserole, couvre d'eau froide salée et laisse cuire 30 min dès l'ébullition. Ajoute l'ail pelé 5 min avant la fin de la cuisson.
2. Poêle les magrets 3 min de chaque côté à feu vif, côté peau en premier. Retire la peau. Réserve le gras de cuisson dans la poêle. Hache la chair des magrets avec le persil, du sel et du poivre.
3. Préchauffe le four à 210 °C (th. 7).
4. Égoutte les légumes (réserve 1 litre de jus de cuisson). Écrase-les au presse-purée puis ajoute la noix muscade

et 2 cuil. à soupe de la graisse de cuisson du canard. Incorpore un peu de liquide de cuisson jusqu'à ce que tu obtiennes la consistance d'une purée pas trop épaisse. Sale et poivre.

5. Étale la viande dans un grand plat, couvre de purée et enfourne 30 min environ.
6. Sers bien chaud, avec une salade verte.

UN CONSEIL

Tu peux utiliser une purée de céleri toute prête que tu épaissiras avec un peu de flocons de purée de pommes de terre.

LA QUESTION DE MA MÈRE

EAU OU LAIT ?

TU NE METS PAS DE LAIT DANS TA PURÉE ?

C'est pour lui donner plus de légèreté ; mais si tu crains qu'elle ne manque d'onctuosité, rien ne t'empêche de remplacer l'eau de cuisson par 50 cl de lait entier.

Joue de bœuf aux champignons

Un plat qui trouve bien sa place dans ce chapitre. Les ingrédients sont ajoutés un par un dans la cocotte avant de laisser tout ce petit monde mijoter gentiment. La joue de bœuf est un des morceaux les plus savoureux du bœuf, mais la longue cuisson qu'elle requiert la relègue au rang des morceaux bon marché. Tant mieux, on s'y mettra le dimanche !

Préparation 10 min

Cuisson 3 h

Pour 6 personnes

- 1,5 kg de joue de bœuf
- 400 g de petits champignons de Paris
- 3 échalotes
- 3 carottes
- 3 gousses d'ail
- 1 bouquet garni
- 20 g de cèpes séchés
- 1 bouteille de vin rouge corsé
- 10 cl de cognac
- 1 cuil. à soupe d'huile d'olive
- 1 morceau de sucre
- Sel et poivre

1. Coupe la viande en cubes de 4 cm de côté. Pèle les échalotes et les carottes et émince-les.
2. Fais chauffer l'huile d'olive dans une cocotte et fais sauter les champignons de Paris quelques minutes. Retire-les et réserve-les. Fais colorer les cubes de viande sur tous les côtés. Ajoute les échalotes, les carottes émincées, l'ail non pelé, et remue quelques instants.

3. Ajoute le bouquet garni (lavé et séché) et les cèpes non réhydratés, brièvement rincés. Verse le vin et le cognac, ajoute le sucre, sale, poivre et porte à ébullition. Couvre et laisse cuire à feu très doux pendant 3 h.
4. 30 min avant la fin de la cuisson, ajoute les champignons coupés en quartiers et termine la cuisson à découvert pour que la sauce réduise.
5. Retire le thym et le laurier et sers bien chaud avec une purée de pommes de terre et de céleri.

UN CONSEIL

Pour obtenir une viande encore plus moelleuse, laisse mariner les morceaux une nuit dans le vin avec les carottes, l'ail, les échalotes et le bouquet garni. Dans ce cas, égoutte les légumes et procède à la cuisson de la même façon.
Si ta sauce n'est pas assez réduite au terme de la cuisson, égoutte la viande, tiens-la au chaud et fais réduire la sauce à feu assez vif.

UNE IDÉE

Pour un plat encore plus léger, laisse refroidir, dégraisse et fais doucement réchauffer avant de servir.

LA QUESTION DE MA MÈRE

VARIANTE ?

PAS TOUJOURS FACILE DE TROUVER DE LA JOUE DE BŒUF. PAR QUEL MORCEAU PUIS-JE LA REMPLACER ?

Des morceaux de bœuf « à braiser » : paleron, gîte, macreuse ou encore de la queue de bœuf, que tu couperas en morceaux.

Merlu aux pommes et aux endives

Merlu et colin ne font qu'un, toutefois ce dernier ne porte son nom que lorsqu'il est surgelé. Laissons les carrés panés de côté et occupons-nous de ce poisson délicat qui contient peu d'arêtes et dont la chair feuilletée doit être cuite avec précaution. Si tu crains le mélange sucré-salé, remplace le cidre doux par un cidre brut, mais, dans ce cas, dépose un morceau de sucre sur les endives.

Préparation 10 min

Cuisson 30 min

Pour 4 personnes

- 4 darnes de merlu
- 4 petites endives
- 2 échalotes
- 1 grosse pomme verte
- 1/2 citron (jus)
- 4 brins de ciboulette
- 10 cl de crème fraîche allégée
- 40 g de beurre
- 50 cl de cidre doux
- 1 cuil. à soupe de sucre en poudre
- Sel et poivre

1. Essuie les endives et creuse-les délicatement pour retirer le cône amer. Laisse-les entières. Place-les dans une grande sauteuse et verse 30 cl de cidre. Sale, poivre et laisse cuire 30 min à couvert, à petits bouillons.
2. Pendant ce temps, épluche et émince les échalotes. Fais chauffer 15 g de beurre dans une poêle et fais fondre les échalotes pendant 10 min, retire-les et saisis les darnes de merlu pour qu'elles soient bien dorées. Arrose avec

le reste de cidre, sale, poivre, remets les échalotes et laisse cuire 10 min à feu plutôt doux.

3. Pèle la pomme et coupe-la en huit. Mets 25 g de beurre dans une autre poêle, dépose les morceaux bien à plat, saupoudre de sucre et fais cuire et caraméliser à feu assez vif, pendant 5 à 10 min.
4. Dispose les darnes de merlu dans les assiettes, verse dans la poêle où le poisson a cuit la crème fraîche, le jus de citron, sale et fais réduire à feu vif. Ajoute 1 cuil. à soupe de ciboulette ciselée et mélange vigoureusement.
5. Sers les darnes arrosées de sauce avec les endives coupées en deux et les pommes toutes dorées.

UN CONSEIL

Demande des darnes de merlu prises dans le haut du poisson car la queue est plus gélatineuse.

UNE IDÉE

Pour un goût plus inattendu, remplace la ciboulette par 2 pincées de poivre vert concassé.

LA QUESTION DE MA MÈRE

ENDIVES

TU NE LES LAVES PAS, EST-CE VOLONTAIRE ?

Il vaut mieux éviter, car l'eau a plutôt tendance à augmenter leur amertume. Si elles sont un peu sales, tu peux les passer brièvement sous un filet d'eau.

ET AVEC ça ?

Poêlée de fèves à la coriandre

Mon ami Bob possède le triple mérite d'être le meilleur cuisinier libanais que je connaisse, le plus fin gourmet de la place du Châtelet et l'un des peintres les plus doués de sa génération qui n'est pas la mienne. Tout cela n'engage que moi, mais c'est déjà beaucoup. Je lui dois cette recette qui présente l'immense avantage de contourner la – fastidieuse – séance d'épluchage des fèves : suffit de les écosser !

Préparation 10 min
Cuisson 25 min

Pour 6 personnes

- 1 kg de fèves fraîches, en cosses
- 2 bouquets de coriandre
- 7 gousses d'ail
- 1/2 cuil. à soupe de graines de coriandre
- 4 cuil. à soupe d'huile d'olive
- Sel et poivre

1. Épluche les gousses d'ail et hache-les finement. Lave, sèche, effeuille et hache la coriandre.
2. Dans une grande poêle, fais chauffer 3 cuil. à soupe d'huile d'olive et fais-y frire, à feu vif, la coriandre hachée avec les graines de coriandre pendant 10 min, jusqu'à ce que les feuilles soient croustillantes. Ajoute l'ail haché, baisse le feu et fais revenir pendant 5 min.
3. Pendant ce temps, écosse les fèves. Porte à ébullition une grande casserole d'eau salée, verse les fèves et laisse cuire 10 à 12 min. Égoutte bien.

4. Verse les fèves dans un plat de service. Ajoute la coriandre et l'ail frits avec l'huile de cuisson puis 1 cuil. à soupe d'huile d'olive, mélange le tout. Poivre et sers immédiatement. Ce plat peut accompagner un agneau rôti au four.

UNE IDÉE

S'il t'en reste, tu peux servir ces fèves le lendemain, en salade, parsemées de quelques dés de feta.

LA QUESTION DE MA MÈRE

ODEUR D'AIL

7 GOUSSES D'AIL, OUH LÀ LÀ, ÇA N'EST PAS UN PLAT À DÉGUSTER EN AMOUREUX !

Certes, mais la cuisine ne peut pas toujours être consensuelle. Rassure-toi, l'ail est rissolé et il n'est pas si fort, une fois mélangé aux fèves.

HACHOIR ?

EST-CE QUE JE PEUX UTILISER UN HACHOIR ÉLECTRIQUE POUR HACHER LA CORIANDRE ?

Oui, à la rigueur, à condition de ne pas réduire les feuilles en purée.

Gratin d'épinards au parmesan

Le type même de recette qui ferait manger des légumes à Ronald MacDonald lui-même. C'est un gratin inventé par Monique, ma « jeune fille » de l'époque (j'ignore si ça se dit encore aujourd'hui), ma « nounou », quoi... Ce gratin était le seul moyen pour elle de me faire avaler un peu de verdure.

Préparation 15 min

Cuisson 7 min

Pour 4 personnes

- 1 kg d'épinards
- 1/2 citron (jus)
- 1 gros bouquet de persil plat
- 60 g de parmesan
- 1 cuil. à soupe de crème fraîche
- 1 cuil. à café de graines de cumin
- Sel et poivre du moulin

1. Fais bouillir de l'eau salée dans une grande casserole.
2. Équeute et lave les épinards et le persil, plonge-les dans l'eau bouillante et laisse-les cuire 2 min en remuant fréquemment. Verse-les dans une passoire et rafraîchis-les à l'eau froide. Presse-les entre tes mains pour les égoutter à fond. Coupe-les grossièrement au couteau ou au hachoir.
3. Préchauffe le four à 240 °C (th. 8).
4. Râpe le parmesan.
5. Dans un saladier, mets les épinards et le persil, ajoute la crème fraîche, les graines de cumin, le jus de citron, 20 g de parmesan râpé, du sel et du poivre. Mélange bien

et verse le tout dans un plat à gratin. Aplatis avec le dos d'une cuillère, parsème uniformément du reste de parmesan râpé et fais rôtir au four pendant 5 min.

6. Sers aussitôt. Ce plat peut accompagner du poisson poêlé.

LA QUESTION DE MA MÈRE

BIEN ORGANISÉE !

ET SI JE VEUX PRÉPARER CE GRATIN À L'AVANCE, DOIS-JE LE FAIRE CUIRE OU NON ?

Non, les épinards seront déjà cuits, mais, pour que la croûte de parmesan ne se dessèche pas, il faut le faire dorer au dernier moment.

Dauphinois de fenouil et pommes de terre

Un plat un peu long à préparer, surtout si tu ne possèdes pas de robot éminceur. Mais quelle récompense quand tu dégustes ce gratin fondant et légèrement « croûté » ! J'ose à peine l'avouer, mais je le préfère presque froid, le lendemain, quand la crème a été complètement absorbée et que l'on peut détacher les rondelles de légumes avec les doigts.

Préparation 20 min
Cuisson 2 h

Pour 6 personnes

- 750 g de pommes de terre nouvelles ou BF 15
- 2 bulbes de fenouil
- 1 petite gousse d'ail
- 20 g de beurre
- 30 cl de crème fleurette
- 2 pincées de noix muscade
- Sel et poivre

1. Préchauffe le four à 180 °C (th. 6).
2. Coupe les tiges vertes des fenouils et creuse les cœurs durs. Lave-les et sèche-les. Coupe-les en deux dans la longueur puis émince-les en lamelles de 0,5 cm d'épaisseur.
3. Épluche les pommes de terre et coupe-les en rondelles de même épaisseur que les fenouils.
4. Beurre un grand plat à gratin et dispose en alternance les rondelles de pommes de terre et les lamelles de fenouil.
5. Verse la crème fleurette dans un bol, ajoute la gousse d'ail hachée, 1/2 verre d'eau, du sel, du poivre et un peu de noix muscade. Mélange bien et verse sur les légumes. Couvre de papier aluminium et laisse cuire 2 h. Retire le papier aluminium à mi-cuisson.
6. Sers bien chaud, avec du poisson grillé, du poulet rôti, ou avec une salade, tout simplement.

LA QUESTION DE MA MÈRE

EAU OU CRÈME

POURQUOI AJOUTER DE L'EAU DANS LE MÉLANGE ?

C'est pour que les légumes cuisent de façon uniforme sans pour autant mettre trop de crème fraîche. Tu peux aussi utiliser 50 cl de crème à 15%, ou encore n'utiliser que de la crème à 30% si tu ne crains pas les calories !

Poêlée de cèpes aux noix

Certains chefs prétendent que les cèpes doivent toujours être cuisinés nature (ou à la rigueur avec une simple fondue d'échalotes), pour que rien ne vienne troubler leur délicate saveur. Si l'ail ne m'a jamais effrayée, je ne suis pas loin d'abonder dans leur sens. En revanche, quelques cerneaux de noix et un filet de leur huile apportent un relief qui ne nuit pas à l'ensemble. Vérifie bien que tes noix ne sont pas rances avant de les ajouter aux champignons, pour éviter d'anéantir toute la finesse de ce plat.

Préparation 10 min
Cuisson 8 min

Pour 4 personnes
- 300 g de cèpes
- 10 cerneaux de noix
- 1 cuil. à soupe d'huile de noix
- 1 cuil. à soupe d'huile neutre
- Sel et poivre

1. Nettoie les cèpes, sépare les pieds des têtes et retire la mousse si elle est verte. Coupe les têtes en lamelles de 1 cm d'épaisseur et les pieds en petits dés. Concasse les noix en une poudre grossière. Mélange les huiles dans un bol.
2. Fais chauffer la moitié de l'huile dans une grande poêle et fais-y rissoler les dés de pieds de cèpes, à feu vif, pendant 5 min sans cesser de remuer. Retire-les de la poêle. Ajoute le reste d'huile dans la poêle, pose les lamelles de champignons bien à plat dans l'huile chaude et laisse dorer 3 min, toujours à feu vif, en retournant à mi-cuisson.
3. Remets les dés de cèpes dans la poêle, ajoute le hachis de noix, sale, poivre et mélange 30 s, toujours à feu vif.

4. Sers bien chaud. Ce plat peut accompagner un filet de bœuf, des escalopes de veau ou des suprêmes de poulet.

UNE IDÉE… Sers ces cèpes en millefeuilles. Étale-les entre des feuilles de brick beurrées, coupées en triangles, et cuis-les 10 min à four assez chaud.

LA QUESTION DE MA MÈRE

CÈPES
J'EN RENCONTRE PLUSIEURS VARIÉTÉS SUR LES MARCHÉS, QUEL GENRE CONSEILLES-TU POUR CETTE RECETTE ?

En général, j'apprécie les cèpes de Bordeaux ou les têtes-de-nègre, plus petits et plus fermes que les bolets. Ils ont une formidable tenue à la cuisson.

Polenta aux bettes et au parmesan

Redoutable, ce plat. Je ne connais personne qui n'ait pas cédé à la tentation d'un deuxième service tant le mélange de cette semoule onctueuse, du fromage piquant et des bettes, douces et légères, procure un plaisir intense. Si tu en as le temps, poêle rapidement, juste avant de servir, les parts de polenta dans un peu d'huile d'olive bien chaude.

Préparation 15 min
Cuisson 40 min

Pour 8 personnes

- 250 g de semoule de maïs ou polenta
- 1 botte de bettes
- 1 gros oignon
- 250 g de ricotta
- 120 g de parmesan
- 60 cl de lait entier
- 4 cuil. à soupe d'huile d'olive
- 1 cuil. à café de thym
- 1 cuil. à café de sel fin
- Poivre du moulin

1. Préchauffe le four à 180 °C (th. 6). Râpe le parmesan.
2. Dans un grand bol, mélange la ricotta et le lait, ajoute la semoule, 100 g de parmesan râpé, le sel et du poivre. Laisse gonfler quelques instants, le temps de préparer le reste.
3. Pèle et émince l'oignon. Lave et prépare les bettes, égoutte-les et déchire-les avec tes mains.
4. Verse 3 cuil. à soupe d'huile d'olive dans une grande poêle. Fais-y fondre l'oignon émincé, 5 min à feu moyen. Augmente le feu, ajoute les bettes et remue 3 min, le temps qu'elles « tombent ».
5. Verse la moitié de la polenta dans un grand moule à manqué huilé à l'huile d'olive. Éparpille les bettes dessus et verse le reste de polenta par-dessus. Badigeonne légèrement d'huile d'olive en surface et enfourne. Laisse cuire 20 min. Saupoudre du reste de parmesan râpé et prolonge la cuisson 10 min.
6. Sers chaud, découpé en parts. Cette polenta peut accompagner du lapin sauté ou un rôti de porc.

LA QUESTION DE MA MÈRE

BETTES

JE PEUX UTILISER TOUTES LES BETTES, MÊME LE BLANC ?

Bien vu ! Il est vrai qu'il faut retirer les grosses côtes blanches, qui restent dures, même après la cuisson.

Pommes rôties au laurier

Un vrai plat d'été, ou de printemps... Quoique, dès l'automne, le laurier, les feuilles, tout ça... Et, même en hiver, pour se réchauffer le cœur et les papilles... Tous les moments sont propices pour apprécier ces petites pommes de terre crousti-fondantes, juste farcies d'une feuille de laurier. Une idée qui m'est venue dans ma maison de Valbonne, histoire d'utiliser le laurier du jardin. Il paraît que Roger Verger, au Moulin de Mougins, l'avait eue avant moi. Ce doit être la région qui inspire...

Préparation 10 min
Cuisson 45 min

Pour 4 personnes

- 12 petites pommes de terre
- 12 feuilles de laurier
- 12 gousses d'ail
- 8 cuil. à soupe d'huile d'olive
- Sel

1. Préchauffe le four à 220 °C (th.7-8).
2. Lave et sèche les pommes de terre. Coupe les feuilles de laurier en deux et huile-les légèrement. Huile également un plat allant au four.
3. Entaille les pommes de terre deux fois dans leur largeur (presque jusqu'à la base) et glisse les demi-feuilles de laurier dans les fentes. Dispose les pommes de terre dans le plat, entourées des gousses d'ail non pelées. Arrose avec le reste d'huile d'olive et saupoudre de sel. Enfourne et laisse cuire 45 min en remuant ou en arrosant de temps en temps.
4. Sers aussitôt, avec un poisson en papillote ou un steak poêlé.

UNE IDÉE ...

Pour composer un plat complet, ajoute des foies de volaille dans le plat 5 à 7 min avant la fin de la cuisson.

LA QUESTION DE MA MÈRE

POMMES DE TERRE

QUEL TYPE DOIS-JE ACHETER, CAR JE NE M'Y RETROUVE JAMAIS PARMI TOUTES LES FAMILLES DE POMME DE TERRE !

Pour la cuisson au four, il te faut des pommes de terre à chair ferme : ratte, rosine, belle-de-Fontenay ou, mieux, des petites pommes de terre nouvelles.

Purée de pommes de terre à la cannelle

Une purée originale dont la paternité revient aussi à mon ami Bob. Lui a coutume d'y ajouter une bonne demi-douzaine d'épices supplémentaires, mais je préfère rester sobre quand il s'agit de la servir en accompagnement d'un plat déjà bien parfumé. Cela dit, libre à toi d'y ajouter les parfums qui te chantent.

Préparation 5 min

Cuisson 20 min

Pour 4 personnes

- 3 grosses pommes de terre de consommation courante, type BF 15 ou bintje
- 2 cuil. à soupe d'huile d'olive
- 20 g de beurre
- 1/2 cuil. à café de cannelle en poudre
- 2 pincées de noix muscade en poudre
- 1 cube de bouillon de poule ou de bœuf
- Sel et poivre du moulin

1. Porte à ébullition une grande quantité d'eau salée. Épluche les pommes de terre et coupe-les en gros cubes de taille égale. Mets-les dans l'eau bouillante. Laisse cuire 15 min environ, vérifie la cuisson avec la pointe d'un couteau, elles doivent être cuites mais encore un peu fermes.
2. Égoutte les pommes de terre et écrase-les au presse-purée ou avec une fourchette. Ajoute l'huile d'olive en mélangeant.
3. Fais dissoudre le cube de bouillon dans 2 cuil. à soupe d'eau chaude, incorpore-le à la purée avec les épices. Sale et poivre si nécessaire.
4. Fais chauffer le beurre dans une poêle et fais-y revenir la purée pendant 5 min en remuant de temps en temps.
5. Sers immédiatement. Cette purée accompagne tout aussi heureusement viandes ou poissons rôtis ou poêlés.

UN CONSEIL

Tu peux très bien préparer cette purée à l'eau, sans bouillon.

LA QUESTION DE MA MÈRE

PURÉE EN ATTENTE

TU DIS DE SERVIR IMMÉDIATEMENT, MAIS PUIS-JE RÉCHAUFFER MA PURÉE SI JE VEUX PASSER À TABLE AVEC MES AMIS ?

La purée n'est jamais meilleure que servie dans l'instant. Tu peux néanmoins la conserver quelques heures en la recouvrant de lait chaud, puis en la faisant réchauffer au bain-marie tout en remuant légèrement.

Purée de carottes au basilic

Une purée d'une délicatesse inouïe. Et en plus, elle se marie avec tout, viande, poisson... Non, vraiment, il faut absolument que tu goûtes.

Préparation 15 min
Cuisson 20 min

Pour 4 personnes

- 700 g de carottes
- 2 bouquets de basilic
- 1 gousse d'ail
- 4 cuil. à soupe d'huile d'olive
- 2 pincées de noix muscade en poudre
- Sel et poivre

1. Épluche les carottes, coupe-les en rondelles de 2 cm d'épaisseur. Pèle la gousse d'ail et hache-la (ou presse-la). Lave et sèche le basilic, puis effeuille-le. Réserve quelques petites feuilles.
2. Fais chauffer l'huile d'olive dans une sauteuse, ajoute les rondelles de carottes et l'ail haché. Fais fondre 2 min à feu doux, laisse cuire encore 2 min, sale, poivre et verse 25 cl d'eau chaude. Couvre et laisse cuire 15 min, à feu très doux (ou jusqu'à ce que les carottes soient fondantes).
3. Mixe le tout, ajoute la noix muscade et le basilic ciselé, et fais dessécher un peu sur feu doux, pendant 5 min, en remuant de temps en temps.
4. Décore avec des petites feuilles de basilic réservées, et sers tout de suite, avec une côte de veau ou un poisson poêlé.

UNE IDÉE… Tarte aux carottes et au comté : incorpore à la purée une bonne poignée de comté râpé et 1 cuil. à soupe de crème fraîche. Étale-la sur un fond de pâte brisée, abaissée très finement, et précuite. Enfourne 10 min à 210° C (th. 7) et sers tiède.

LA QUESTION DE MA MÈRE

CAROTTES

FAUT-IL LES CHOISIR EN BOTTE, AVEC LEURS FANES, OU PRENDRE PLUTÔT DES GROSSES CAROTTES ?

Cela dépend du traitement que tu leur fais subir. Les carottes-fanes sont fines, délicieuses si tu les utilises crues, râpées ou débitées en rondelles et sautées. Pour des cuissons plus longues, les grosses, appelées aussi carottes des sables, conviennent très bien.

Tajine de fenouil aux raisins secs

Un accompagnement original qui, une fois refroidi, peut très bien se transformer en une salade non moins originale si on lui ajoute quelques câpres ou des petits filets d'anchois. En cas de paresse aiguë, utilise 500 g de cœurs de fenouil surgelés.

Préparation 10 min **Cuisson** 1 h

Pour 4 personnes

- 700 g de bulbes de fenouil
- 1 gros oignon
- 1/2 citron (jus)
- 1 cuil. à soupe de gingembre frais haché
- 25 g de raisins secs
- 2 cuil. à soupe d'huile d'olive
- 1 cuil. à café de cannelle en poudre
- 1/2 cuil. à café de grains d'anis
- 1/2 cuil. à café de graines de cumin
- 1 cuil. à café de miel liquide
- Fleur de sel et poivre

1. Prépare le fenouil : lave et sèche les bulbes, creuse la base de façon à retirer le cône dur. Ôte les pluches et les tiges les plus vertes. Coupe les cœurs de fenouil en deux, puis en quatre. Pèle l'oignon et émince-le grossièrement.
2. Dans une cocotte à fond épais, fais revenir dans l'huile d'olive chaude l'oignon et les épices, pendant 5 min. Ajoute le fenouil, le jus de citron, quelques pincées de fleur de sel. Couvre et laisse cuire 45 min. Au bout de 20 min de cuisson, ajoute le miel, le poivre et les raisins secs.
3. Retire le couvercle et laisse la préparation se dessécher pendant 10 min.
4. Sers chaud ou tiède, avec des brochettes de viande ou un poisson grillé au fenouil.

UNE IDÉE

Parsème le fenouil de coriandre hachée avant de servir.

LA QUESTION DE MA MÈRE

MIEL

EST-CE GRAVE SI J'UTILISE DU MIEL ÉPAIS ET NON LIQUIDE ?

Non. Il mettra un peu plus de temps à se mélanger à la préparation, c'est tout. Je te conseille d'avoir toujours un pot de miel bon marché réservé à la cuisine.

Pasta

Fusilli alla matriciana

Une sauce originale qui mêle la subtilité de la pancetta (délicieux lard italien), l'acidité des tomates et la rondeur du vin rouge cuit. Ne cède pas à la facilité en remplaçant le pecorino (fromage de brebis italien) par du parmesan (fromage de vache), son petit goût piquant participe au caractère de ce plat.

Préparation 10 min
Cuisson 30 min

Pour 4 à 6 personnes

- 500 g de fusilli
- 1 grosse boîte de tomates pelées au naturel
- 1 oignon
- 1/2 piment frais (ou 2 pincées de piment de Cayenne)
- 150 g de pancetta
- 70 g de pecorino
- 2 cuil. à soupe d'huile d'olive
- 10 cl de vin rouge tannique
- 1 cuil. à café de sucre en poudre
- Sel et poivre blanc

1. Pèle l'oignon et émince-le finement. Râpe le pecorino.
2. Dans une sauteuse, fais chauffer l'huile d'olive et mets-y à dorer les tranches de pancetta pendant 5 min à feu moyen. Réserve-les sur une assiette. Verse l'oignon émincé et laisse fondre 5 min, toujours à feu moyen.
3. Porte à ébullition une grande casserole d'eau salée.
4. Égoutte les tomates et concasse-les en les pressant entre tes doigts. Verse-les dans la sauteuse, ajoute le piment émincé, le sucre en poudre, du poivre et laisse mijoter encore 10 min.

5. Verse le vin dans la sauteuse et porte à ébullition. Laisse réduire jusqu'à ce que la sauce devienne sirupeuse (5 min environ).

6. Pendant ce temps, fais cuire dans l'eau bouillante les pâtes, *al dente*. Égoutte-les et verse-les dans la sauteuse. Ajoute éventuellement un filet d'huile d'olive. Mélange et sers saupoudré de pecorino râpé.

UN CONSEIL

N'ajoute surtout pas de sel en dehors de celui qui sert à saler l'eau de cuisson des pâtes car la pancetta et le pecorino sont naturellement très salés.
À défaut de vin italien, utilise un corbières ou un côtes-du-rhône.

LA QUESTION DE MA MÈRE

TOMATES

N'EST-IL PAS PRÉFÉRABLE DE LES UTILISER FRAÎCHES PLUTÔT QU'EN BOÎTE ?

Cela dépend des saisons. Les tomates d'hiver auront moins de goût que des tomates cueillies et mises en boîte (ou surgelées) à la belle saison. En l'occurrence, si tu gardes une barquette de lardons au congélateur et une boîte de tomates dans le placard, c'est la recette « dernière minute » type.

PANCETTA

QU'EST-CE QUE C'EST ?

C'est du lard de poitrine italien non fumé, salé, épicé et roulé. On en trouve chez la plupart des charcutiers et, bien sûr, dans les épiceries italiennes. Tu peux le remplacer par du lard maigre de bonne qualité.

VIN ROUGE

MAIS ENCORE ?

Prends un vin rouge charpenté de qualité, un barolo ou dolcetto. Je te déconseille d'utiliser un vin médiocre, au risque d'obtenir une sauce médiocre. Et après tout, tu n'en utilises que 10 cl, le reste fera des heureux à table et, pour une fois, tu auras pensé à l'ouvrir assez tôt pour qu'il puisse s'aérer !

Lasagnes aux épinards et aux pignons

Rarement plat végétarien aura atteint un tel niveau de gourmandise. Pignons, ricotta et épinards font tout le moelleux de ce plat de lasagnes revisité et, néanmoins, largement plus diététique que les traditionnelles bolognaises.

Préparation 30 min **Cuisson** 45 min

Pour 6 personnes

- 200 g de lasagnes précuites
- 1 kg d'épinards
- 1 gousse d'ail
- 150 g de ricotta
- 80 g de parmesan
- 50 g de pignons
- 2 cuil. à soupe d'huile d'olive
- 1 pincée de sucre en poudre
- Sel et poivre

Pour la béchamel :

- 50 cl de lait
- 3 cuil. à soupe d'huile d'olive
- 30 g de farine
- 1 bonne pincée de noix muscade en poudre
- Sel et poivre

1. Préchauffe le four à 180 °C (th. 6).
2. Casse la queue des épinards, lave-les et essore-les. Épluche la gousse d'ail et hache-la.
3. Dans une petite poêle antiadhésive, fais dorer à sec les pignons, réserve-les.
4. Fais chauffer 2 cuil. à soupe d'huile d'olive dans la même sauteuse. Ajoute l'ail haché, les épinards, puis 1 pincée de sucre pour supprimer leur acidité. Mélange et laisse cuire 5 min à feu doux en remuant de temps en temps.
5. Pendant ce temps, prépare la béchamel : fais chauffer le lait dans une petite casserole. Dans une autre casserole, mélange 3 cuil. à soupe d'huile d'olive et la farine jusqu'à

l'obtention d'une crème épaisse et homogène ; fais cuire sur feu doux pendant 30 s puis ajoute le lait chaud progressivement. Retire du feu dès que la sauce nappe la cuillère. Sale, poivre et ajoute la noix muscade.

6. Fais fondre la ricotta dans les épinards, retire du feu, sale légèrement, poivre, ajoute les pignons et la moitié du parmesan râpé.
7. Étale 1/3 de la béchamel dans le fond d'un plat à gratin. Couvre de lasagnes sans les superposer, étale la moitié des épinards, couvre d'une seconde couche de lasagnes, recouvre d'1/3 de béchamel, du reste d'épinards puis de lasagnes. Étale le reste de béchamel sur les lasagnes, parsème de parmesan râpé, enfourne et laisse cuire 30 min, en augmentant à 210 °C (th. 7) 10 min avant la fin de la cuisson.
8. Laisse reposer hors du four, 5 min avant de servir.

UNE IDÉE…

Ajoute aux épinards cuits 1 bouquet de basilic ou de persil plat.
Remplace les pignons par des noisettes, des amandes concassées ou encore des raisins secs.

LA QUESTION DE MA MÈRE

ÉPINARDS

TU NE LES FAIS PAS CUIRE À L'EAU AVANT DE LES FAIRE SAUTER À L'HUILE ?

Non, justement, il faut qu'ils gardent leur croquant et leur fraîcheur.

BÉCHAMEL

PEUT-ON LA PRENDRE TOUTE PRÊTE ?

Pourquoi pas ? C'est mieux de la faire soi-même (d'autant que celle-ci est à l'huile d'olive, ce qui lui donne une saveur particulière), mais, si tu n'es pas la reine de la béchamel, mieux vaut te rabattre sur la solution surgelé.

Penne aux noix de pécan, ail et chili

Difficile de se lasser des pâtes. Ce n'est pas une raison pour ne pas faire preuve d'imagination dans la façon de les accommoder, voire d'improviser des recettes avec des fonds de placard. C'est un peu comme cela qu'est née celle-ci. Une vraie recette du dimanche soir.

Préparation 15 min
Cuisson 15 min

Pour 4 à 6 personnes

- 500 g de penne
- 4 chilis frais ou 1/2 cuil. à café de piment chili en poudre
- 3 gousses d'ail
- 1 bouquet de persil plat
- 1 bouquet de basilic
- 80 g de noix de pécan
- 8 à 10 cuil. à soupe d'huile d'olive
- Sel

1. Concasse finement les noix de pécan. Ouvre en deux les chilis sous l'eau courante. Retire les pédoncules et les pépins et émince-les très finement. Pèle les gousses d'ail et hache-les finement au couteau.
2. Verse 3 cuil. à soupe d'huile d'olive dans une sauteuse, ajoute les gousses d'ail hachées, les chilis émincés et le persil ciselé. Chauffe à feu doux sans cesser de mélanger pendant 1 min. Ajoute les noix de pécan concassées et mélange encore pendant 1 min sans laisser brunir. Ajoute l'huile d'olive restante, sale bien et retire du feu. Ajoute le basilic ciselé.

3. Porte à ébullition 5 litres d'eau bien salée. Plonge les penne dedans, remue et laisse cuire *al dente*. Réserve 3 cuil. à soupe d'eau de cuisson, puis égoutte les pâtes. Verse-les dans la sauce, ajoute l'eau de cuisson réservée, mélange bien et sers dans des assiettes creuses et chaudes.

UN CONSEIL

Attention à bien te laver les mains après avoir émincé le chili pour éviter de t'en mettre ensuite dans les yeux.

Fais rôtir les noix de pécan 10 min à four chaud et laisse-les refroidir avant de les concasser.

LA QUESTION DE MA MÈRE

CHILIS
QU'EST-CE QUE C'EST ?

Ce sont des piments. Rappelle-toi d'ailleurs le célèbre chili con carne ! En espagnol, cela veut tout simplement dire : « piment avec viande »...

FROMAGE ?
PEUT-ON EN METTRE SUR CES PÂTES ?

En principe les noix concassées ont valeur de liant, mais tu peux toujours proposer du fromage sur la table.

Penne aux pois gourmands, parmesan et poivre noir

Une recette printanière qui fait partie des plats de pâtes « diététiquement corrects ». Si tu crains la puissance du poivre noir, utilise des grains blancs de bonne qualité. Dans tous les cas, le poivre doit être moulu grossièrement pour qu'on le sente craquer sous la dent.

Préparation 10 min

Cuisson 12 min env.

Pour 6 personnes

- 500 g de penne
- 250 g de pois gourmands
- 1 salade rouge dite « trévise »
- 100 g de parmesan
- 2 cuil. à soupe d'huile aromatisée à la truffe
- 4 cuil. à soupe d'huile d'olive
- 1 cuil. à café de vinaigre balsamique
- Sel et poivre noir du moulin

1. Fais cuire les pâtes *al dente* dans une grande quantité d'eau bouillante salée.
2. Découpe le parmesan en copeaux. Équeute les pois gourmands.
3. Dans une poêle, fais chauffer 1 cuil. à soupe d'huile d'olive et fais revenir les pois, 2 min à feu vif. Ajoute le vinaigre balsamique, sale et réserve.
4. Émince la salade. Lave et essore les feuilles. Assaisonne-la avec 1 cuil. à soupe d'huile d'olive, du sel et du poivre.

5. Égoutte rapidement les pâtes pour qu'elles gardent un peu d'eau de cuisson. Verse le reste d'huile d'olive dans les pâtes, ainsi que l'huile à la truffe. Ajoute les pois gourmands, la salade émincée, la moitié des copeaux de parmesan et poivre abondamment. Mélange et sers dans des assiettes creuses.
6. Sers aussitôt avec le reste de copeaux de parmesan.

UNE IDÉE...

Utilise les restes en salade, en ajoutant un peu de vinaigre balsamique, du cerfeuil ou du basilic, et de l'huile d'olive.
Tu peux remplacer les pois gourmands par du persil plat ciselé et les papillons par des spaghettis.

LA QUESTION DE MA MÈRE

HUILE À LA TRUFFE
OÙ LA TROUVE-T-ON ?

Dans les épiceries italiennes et les épiceries fines. Utilise-la avec parcimonie, elle est très concentrée. Si tu n'en trouves pas, tu peux la remplacer par une huile d'olive de très bonne qualité, ou, éventuellement, par une bonne huile de noix.

SALADE ÉMINCÉE
COMMENT FAIS-TU POUR « ÉMINCER » UNE SALADE ?

La salade trévise est une chicorée rouge aux feuilles bien serrées qui peut se trancher aisément en lanières, comme un chou, avec un couteau.

Spaghettis aux fleurs de courgettes et au jambon

Je passe le plus clair de mes étés dans ma maison de Valbonne. Les journées défilent, rythmées à l'égal par les repas, les baignades et surtout les visites chez le maraîcher. Celui de notre village offre sans doute les plus beaux légumes de toute la région. Et à chaque visite, c'est le même scénario : je me retrouve toujours avec quelques petites courgettes-fleurs dans mon panier. Leur saison est si fugace que je culpabilise à l'idée de ne pas profiter chaque jour de leur finesse. Sans compter qu'elles s'accommodent à toutes les envies : râpées et arrosées d'un filet d'huile de noisette, poêlées au basilic et à l'huile d'olive, mêlées à des feuilles de menthe, ou encore les fleurs juste coupées au-dessus d'un plat de spaghettis.

Préparation 10 min
Cuisson 10 min environ

Pour 4 personnes

- 400 g de spaghettis
- 5 courgettes-fleurs
- 1 belle gousse d'ail
- 3 brins de menthe
- Quelques brins de ciboulette
- 100 g de jambon blanc
- 1 poignée de pistaches décortiquées, non salées
- 4 cuil. à soupe d'huile d'olive
- Sel et poivre

1. Détache les fleurs des courgettes. Lave et sèche les courgettes et coupe-les en petits dés. Concasse les pistaches.

2. Porte à ébullition une grande casserole d'eau salée et mets-y les pâtes. Fais-les cuire *al dente*.

3. Fais chauffer 2 cuil. à soupe d'huile d'olive dans une grande poêle et fais sauter les dés de courgettes, avec l'ail haché, à feu assez vif, pendant 5 min, en remuant souvent. Ajoute les pistaches concassées en fin de cuisson. Sale et poivre légèrement.

4. Taille le jambon découenné en fines lanières. Lave et sèche les herbes. Hache ensemble au couteau les fleurs de courgettes et les feuilles de menthe, pour obtenir un hachis grossier.

5. Égoutte les pâtes (ne crains pas de garder un peu d'eau de cuisson). Verse-les dans la poêle, ajoute 1 cuil. à soupe d'huile d'olive et les lanières de jambon. Donne quelques tours de moulin à poivre et mélange délicatement.

6. Verse dans le plat de service. Couvre avec le hachis de feuilles et de fleurs et saupoudre de ciboulette ciselée. Sers aussitôt.

UNE IDÉE...

Si tu en as le temps, prépare une pâte à beignets légère, trempe les fleurs dedans et fais-les frire avant de les déposer sur les pâtes.

LA QUESTION DE MA MÈRE

COURGETTES-FLEURS

ET SI JE N'EN TROUVE PAS ?

C'est vrai, la saison est courte, mais, si tu ne parviens pas à t'en procurer, achète des petites courgettes et prépare la recette sans les fleurs. Leur intérêt est plus décoratif que gustatif.

Spaghettis aux oignons fondants et aux noisettes

Pour m'épargner la cuisson un peu longue des oignons, j'en fais cuire une grande quantité à chaque fois et je congèle cette « purée » pour pallier les envies impulsives.

Préparation 10 min
Cuisson 1 h 25

Pour 6 personnes

- 600 g de spaghettis
- 750 g d'oignons jaunes
- 1/2 bouquet de persil plat
- 40 g de noisettes décortiquées
- 1 tranche de pain de campagne
- 40 g de beurre
- 2 cuil. à soupe d'huile d'olive
- 1 cuil. à soupe de vinaigre balsamique
- 1 cuil. à café de sel
- 1/2 cuil. à café de poivre

1. Prépare la fondue d'oignons : émince les oignons très finement. Dans une grande sauteuse, verse l'huile d'olive, 20 g de beurre et les oignons émincés. Couvre et laisse cuire à feu très doux pendant 1 h environ.
2. Pendant ce temps, fais dorer les noisettes à la poêle, à sec. Retire la peau en les frottant entre tes mains et concasse-les. Lave le persil, sèche-le et cisèle-le.

3. Retire la croûte du pain, coupe-le en dés et, dans une poêle, fais-les dorer 5 min à feu moyen avec le reste du beurre.
4. Augmente le feu sous les oignons à chaleur moyenne, retire le couvercle et laisse dessécher légèrement pendant 10 min. Ajoute 3 cuil. à soupe d'eau, le vinaigre, le sel, le poivre et fais cuire 5 min à feu assez vif en remuant constamment. Retire du feu et ajoute le persil ciselé.
5. Fais cuire les pâtes *al dente*. Égoutte-les et ajoute-les à la sauce encore chaude, mélange, parsème de noisettes concassées et de croûtons.
6. Sers aussitôt.

UN CONSEIL

Pour émincer les oignons sans pleurer je n'ai rien trouvé de plus efficace que de « chausser » des lunettes de ski, effet pare-brise garanti !

LA QUESTION DE MA MÈRE

CONFITURE D'OIGNONS

EST-CE QUE JE PEUX PRÉPARER CE PLAT AVEC DE LA CONFITURE D'OIGNONS TOUTE PRÊTE ?

Ce n'est pas très conseillé. La confiture d'oignons ne porte pas son nom par hasard, elle est souvent très sucrée et s'utilise davantage comme condiment que comme base de sauce. Si tu veux gagner du temps, tu peux utiliser des oignons émincés surgelés.

Tagliatelles à l'orange, roquette et huile de noix

Un cocktail de saveurs plutôt inattendu et franchement détonant. La réussite de cette recette tient à la fraîcheur des feuilles de roquette : elles doivent être incorporées aux pâtes au tout dernier moment pour garder leur croquant. La salade mélangée aux pâtes (ou au risotto) est un plaisir à découvrir. Discrètement, à la fin du repas, je ne peux m'empêcher de mélanger les deux dans mon assiette. Imagine, des spaghetti alla carbonara, enroulés autour de feuilles de laitue. Le bonheur !

Préparation 10 min
Cuisson 10 min environ

Pour 4 à 6 personnes

- 500 g de tagliatelles sèches
- 5 grosses poignées de roquette
- 2 oranges non traitées
- 3 cuil. à soupe d'huile de noix
- 2 cuil. à soupe d'huile d'olive
- 100 g de parmesan
- Sel et poivre noir du moulin

1. Porte à ébullition une grande quantité d'eau salée. Lave et sèche les oranges. Retire les zestes avec un zesteur. Lave et essore la roquette. Râpe le parmesan.
2. Plonge les pâtes dans l'eau bouillante et fais-les cuire *al dente*. Ajoute les zestes d'oranges 3 min avant la fin de la cuisson.
3. Arrose les feuilles de roquette avec l'huile de noix. Égoutte les pâtes et les zestes sans trop les remuer dans la passoire et reverse le tout dans la casserole.

Ajoute l'huile d'olive. Assaisonne généreusement les pâtes avec du sel et du poivre. Ajoute enfin les feuilles de roquette et mélange.

4. Sers accompagné de parmesan râpé.

UNE IDÉE

Remplace le parmesan par de la poudre de noix.

LA QUESTION DE MA MÈRE

ZESTE SANS ZESTEUR

COMMENT FAIRE POUR PRÉLEVER LES ZESTES DES ORANGES SI L'ON N'A PAS DE ZESTEUR ?

C'est un instrument bien utile, à la limite de l'indispensable, mais, si tu es prise de court, retire les zestes avec un couteau bien aiguisé, en prenant soin de ne pas emporter la partie blanche qui protège la chair, et coupe ensuite ces lamelles en fins bâtonnets.

PÂTES

POURQUOI DIS-TU QU'IL NE FAUT PAS TROP LES REMUER DANS LA PASSOIRE ?

Les pâtes ne doivent pas être trop égouttées pour qu'on n'ait pas à ajouter trop d'huile ensuite, c'est une habitude qui n'engage que moi !

Tagliatelles tricolores à la bolognaise de légumes

Merci à Valérie, mère de famille émérite et végétarienne fantaisiste, qui a imaginé cette recette digne des meilleures trattorias. Les légumes, finement hachés, sont longuement mijotés dans un fond de vin rouge, de sorte que l'on retrouve les plaisirs et la matière de la sauce bolognaise, sans les lourdeurs de la viande.

Préparation 15 min **Cuisson** 1 h

Pour 6 personnes

- 600 g de tagliatelles sèches tricolores
- 2 blancs de poireaux
- 2 pommes de terre
- 2 tomates
- 2 carottes
- 1 courgette
- 1 navet
- 1 branche de céleri
- 1 gros oignon
- 1/2 brocoli
- 1/2 poivron rouge
- 10 cl d'huile d'olive
- 1 verre de vin rouge fruité
- 1/2 bouquet de basilic
- Sel et poivre

1. Pèle l'oignon, les pommes de terre et les carottes. Lave et sèche tous les légumes. Coupe-les en gros dés et hache-les grossièrement au mixeur (évite d'en faire une bouillie).
2. Fais chauffer les 2/3 de l'huile d'olive dans une sauteuse et fais-y fondre les légumes quelques minutes. Verse le vin, sale, poivre et laisse mijoter 1 h minimum à feu doux. La sauce doit avoir bien réduit. Ajoute le basilic ciselé et rectifie l'assaisonnement.
3. Fais cuire les pâtes dans une grande quantité d'eau salée. Égoutte-les, ajoute le reste d'huile d'olive et verse-les sur la sauce. Mélange.

4. Sers bien chaud, accompagné éventuellement de parmesan râpé.

UN CONSEIL Compte tenu de la préparation un peu fastidieuse de cette recette, n'hésite pas à faire cuire une grande quantité de sauce et à la congeler pour une autre fois !

LA QUESTION DE MA MÈRE

LÉGUMES

PEUT-ON UTILISER TOUTES SORTES DE LÉGUMES ?

Oui, sans restriction, du moment que tu les haches finement. Au hasard : haricots mange-tout, poivrons verts, choux...

Papillons à la sauge croustillante

Le beurre de sauge est très utilisé en Italie pour parfumer les pâtes, mais aussi les raviolis, les légumes vapeur ou les escalopes de veau. Habituellement, on ne conserve que le beurre et on jette les feuilles. Pourtant, si l'on prend soin de ne pas les mélanger aux pâtes (l'humidité leur ferait perdre leur croustillant), elles deviennent de véritables friandises et dégagent un délicieux goût de noisette.

Préparation 10 min

Cuisson 10 min environ

Pour 6 personnes

- 500 g de papillons ou fusilli
- 1 gros bouquet de sauge
- 100 g de beurre
- 80 g de parmesan
- Sel et poivre du moulin

1. Équeute les feuilles de sauge, lave-les et sèche-les. Râpe le parmesan.

2. Porte à ébullition 5 litres d'eau bien salée. Plonge les pâtes dedans, remue et laisse cuire *al dente*, le temps indiqué sur le paquet.

3. Pendant ce temps, fais fondre le beurre dans une grande poêle et dépose les feuilles de sauge bien à plat sans qu'elles se superposent. Procède en plusieurs fois si nécessaire. Laisse cuire sur feu moyen 8 min environ, retourne-les à mi-cuisson. Elles doivent être bien croustillantes. Retire les feuilles de sauge à l'écumoire et réserve-les.

4. Égoutte les pâtes (pas trop, il doit rester un peu d'eau) et verse-les dans la poêle. Mélange-les au beurre de sauge, poivre et verse-les dans un plat creux déjà chaud. Répartis dessus les feuilles de sauge, sans mélanger, et sers avec le parmesan râpé à part.

LA QUESTION DE MA MÈRE

VARIANTE ?
EST-CE QUE ÇA MARCHE AVEC D'AUTRES HERBES ?

Rares sont les herbes qui possèdent un parfum aussi puissant que celui de la sauge. Elles vont frire (comme le persil), mais sans communiquer leur saveur à la matière grasse. Mieux vaut rester classique cette fois-ci !

Risotto aux asperges et aux amandes fraîches

C'est sans doute la recette de risotto la plus élaborée de ce livre, mais, crois-moi, le résultat est à la hauteur de l'effort. Les asperges sont préparées de 2 façons différentes : cuites à l'eau et mixées en purée pour l'onctuosité, ou sautées à l'huile d'olive pour la saveur. À cela j'ajoute des amandes fraîches, qui sont le complément idéal des asperges. Ne t'interdis pas de préparer cette recette si tu ne trouves pas d'amandes fraîches, remplace-les par des pignons ou laisse tremper des amandes séchées dans un peu de lait tiède pendant quelques heures, elles retrouveront une seconde jeunesse.

Préparation 25 min **Cuisson** 1 h 40

Pour 6 personnes

- 400 g de riz pour risotto (arborio ou carnaroli)
- 1 kg de petites asperges vertes
- 1 gros oignon
- 50 g d'amandes fraîches décortiquées
- 150 g de parmesan
- 50 g de beurre
- 3 cuil. à soupe d'huile d'olive
- 20 cl de vin blanc sec

Pour le bouillon :

- 3 carottes
- 1 poireau
- 2 oignons
- 3 gousses d'ail
- 1 bouquet garni (thym, laurier, persil)
- 1/2 cuil. à café de sel
- Poivre du moulin

1. Prépare le bouillon. Épluche les légumes et coupe-les en gros morceaux. Mets-les dans une grande casserole avec le bouquet garni et couvre avec 2 litres d'eau froide. Sale et poivre bien, porte à ébullition, baisse le feu et laisse cuire 1 h à petits bouillons.

2. Lorsque le bouillon est cuit, verse-le au-dessus d'une casserole, à travers une passoire. Presse les légumes pour recueillir tout leur jus. Porte ce bouillon à ébullition.
3. Prépare les asperges : lave-les et sèche-les, retire les extrémités les plus dures, puis coupe-les en deux. Émince la moitié contenant les pointes et réserve-la. Fais cuire l'autre moitié dans le bouillon frémissant pendant 15 min. Égoutte-les, mixe-les avec un peu de bouillon ou passe-les au moulin à légumes. Incorpore cette purée au bouillon chaud.
4. Pèle et émince l'oignon. Fais chauffer 30 g de beurre et 1 cuil. à soupe d'huile d'olive dans une sauteuse à fond épais (ou une grande casserole) et fais-y fondre l'oignon émincé à feu moyen. Ajoute le riz, mélange pendant 3 min, jusqu'à ce qu'il soit translucide. Verse le vin et remue jusqu'à ce qu'il soit évaporé.
5. Verse une louche de bouillon. Fais cuire le riz sans cesser de remuer et en ajoutant le bouillon progressivement, louche après louche.
6. 5 min avant la fin de la cuisson, fais chauffer 2 cuil. à soupe d'huile d'olive dans une poêle et fais sauter les asperges émincées avec les amandes concassées.
7. Une fois le riz cuit mais encore ferme, ajoute 20 g de beurre, le parmesan râpé et les asperges sautées aux amandes. Rectifie l'assaisonnement, couvre et laisse reposer 5 à 10 min.
8. Avant de servir, ajoute un peu de bouillon pour « détendre » le riz et répartis le risotto dans les assiettes chaudes. Décore avec quelques amandes dorées concassées s'il t'en reste.

UNE IDÉE

Tu peux ajouter 1/2 bouquet de cerfeuil ciselé dans le riz à la fin de la cuisson. Cela rehausse la saveur des asperges.

LA QUESTION DE MA MÈRE

VARIANTE ?

PEUT-ON UTILISER DES CUBES DE BOUILLON DE LÉGUMES ? Franchement, non : autant le bouillon de poule est acceptable en cube, autant le bouillon de légumes est assez artificiel. Si tu n'as pas le temps de le préparer, utilise de l'eau, cela fera l'affaire.

LÉGUMES

PUIS-JE LES RÉCUPÉRER ? Pourquoi pas ? Tu peux faire une soupe onctueuse en y ajoutant un peu de lait chaud et de la muscade.

Risotto aux morilles

C'est un classique que je réserve pour les grandes occasions, et surtout pour les dîners en amoureux. L'avantage de cette recette-qui-en-jette, c'est qu'elle ne nécessite aucun produit frais (hormis le parmesan, que l'on peut conserver au congélateur), et peut donc être mijotée sur un coup de tête.

Préparation 15 min **Cuisson** 20 min environ

Repos 30 min

Pour 4 personnes

- 250 g de riz pour risotto (arborio ou carnaroli)
- 15 morilles séchées
- 2 gros champignons de Paris
- 1 échalote
- 60 g de parmesan
- 20 g de beurre
- 3 cuil. à soupe de crème fleurette
- 2 cuil. à soupe d'huile d'olive
- 15 cl de vin blanc sec
- 1 litre de bouillon de volaille maison ou préparé avec 2 cubes
- Sel et poivre

1. Place les morilles dans un petit saladier et couvre-les avec 30 cl d'eau bouillante. Laisse reposer 30 min au moins.
2. Pèle et émince l'échalote. Lave, sèche et coupe les champignons de Paris en petits dés. Dans une poêle, fais chauffer le beurre et fais rissoler les dés de champignons, 5 min à feu assez vif. Sale, poivre et réserve. Fais chauffer le bouillon. Râpe le parmesan.
3. Dans une casserole, fais chauffer 1 cuil. à soupe d'huile d'olive et fais-y fondre l'échalote émincée à feu doux. Ajoute le riz, remue pendant 1 min. Verse le vin et remue 2 min. Verse le bouillon progressivement, sans cesser de remuer.
4. En milieu de cuisson, égoutte les morilles et réserve l'eau de trempage. Dans une petite casserole, porte à ébullition la crème fleurette légèrement salée et mets-y les morilles, remue, baisse le feu au minimum et laisse cuire à couvert jusqu'à la fin de la cuisson du riz (10 min environ). Poivre sans réserve.
5. Verse le jus des morilles dans le bouillon (évite le sable qui reste au fond).
6. Quand le riz est cuit mais encore ferme, ajoute les dés de champignons, les morilles avec la crème, 1 cuil. à soupe d'huile d'olive, le parmesan râpé, mélange et couvre. Laisse reposer 2 min.
7. Rectifie l'assaisonnement et sers dans des assiettes creuses chaudes.

UN CONSEIL

Passe les champignons sous un filet d'eau, mais ne les laisse pas tremper, ils perdraient leur fermeté et leur saveur.

UNE IDÉE...

Tu peux, en fin de cuisson du riz, ajouter 1/2 cuil. à soupe d'huile de truffe.

LA QUESTION DE MA MÈRE

BOUILLON

PEUX-TU ME DONNER UNE RECETTE RAPIDE DE BOUILLON DE POULE MAISON ?

En principe, il faut laisser mijoter le bouillon pendant 1 h 30 à 2 h à petit feu, mais, si tu n'as pas le temps, tu peux utiliser de la viande hachée. Verse 3 litres d'eau dans un faitout, ajoute un bol de chair de volaille hachée, 1 kg de brunoise de légumes surgelée et 1 bouquet garni (si tu en trouves, ajoute des petits os de poulet récupérés sur un poulet rôti ou auprès de ton volailler). Sale, poivre et laisse mijoter 30 min. Passe le bouillon au chinois avant de l'utiliser ou conserve-le au frais 4 jours maximum. Tu peux également le congeler, mais il faudra le refaire bouillir après décongélation.

RISOTTO

PUIS-JE LE FAIRE RÉCHAUFFER S'IL M'EN RESTE ?

C'est plutôt déconseillé. En revanche, quelle que soit la recette, les restes de risotto peuvent être préparés en galettes : mélange 1 œuf entier et un bol de risotto, un peu de chapelure et un peu de parmesan râpé. Forme des galettes dans tes mains (mouillées), passe-les dans la chapelure et fais-les dorer à feu vif dans un fond d'huile d'olive bien chaude.

Risotto aux petits pois et pancetta

Risi e bisi : riz et petits pois. Un classique de la cuisine italienne que la pancetta, ce lard fumé transalpin, relève à merveille. À servir avec un vin blanc fruité ou un rouge léger comme un valpolicella.

Préparation 15 min
Cuisson 20 min environ

Pour 4 personnes

- 250 g de riz pour risotto (arborio ou carnaroli)
- 350 g de petits pois extra-fins surgelés (700 g frais avec les cosses)
- 2 échalotes
- 100 g de pancetta
- 100 g de parmesan
- 60 g de beurre
- 2 cuil. à soupe d'huile d'olive
- 1 verre de vin blanc sec
- 3 cubes de bouillon de poule ou de bœuf
- Poivre du moulin

1. Épluche et hache les échalotes. Dilue les cubes de bouillon dans une casserole avec 1,5 litre d'eau et porte à frémissement à feu doux. Râpe le parmesan.
2. Fais chauffer le beurre et 1 cuil. à soupe d'huile d'olive dans une cocotte. Ajoute les échalotes hachées et fais fondre à feu moyen. Verse les petits pois écossés, remue jusqu'à ce qu'ils soient légèrement froissés, ajoute le riz, mélange 30 s, puis verse le vin blanc (réserve 2 cuil. à soupe). Mélange à nouveau pendant quelques instants.

3. Verse 1 louche de bouillon dans la cocotte et remue jusqu'à ce qu'il soit presque totalement absorbé. Procède ainsi, sans cesser de remuer, jusqu'à ce que le riz soit bien cuit mais encore ferme sous la dent (17 min environ).
4. Coupe la pancetta en petits dés. Fais chauffer une poêle à feu vif et fais-y dorer les dés de pancetta, arrose avec le vin blanc réservé, laisse évaporer et réserve.
5. Retire la cocotte du feu. Ajoute la pancetta, verse la moitié du parmesan râpé et ajoute 1 cuil. à soupe d'huile d'olive. Poivre et mélange.
6. Couvre et laisse reposer 5 à 10 min.
7. Sers dans des assiettes creuses chaudes et présente le reste du parmesan à part.

UNE IDÉE

Pour un plat végétarien, remplace le jambon par des oignons grelots que tu feras rissoler avec les échalotes.

LA QUESTION DE MA MÈRE

RIZ

SI JE N'AI PAS DE RIZ ITALIEN, AVEC QUEL RIZ PUIS-JE PRÉPARER UN RISOTTO ?

À la rigueur avec un riz rond à dessert, mais surtout pas avec du riz long grain, ni du riz complet, qui ne contiennent pas assez d'amidon pour cette préparation.

RISOTTO AU REPOS

POURQUOI FAUT-IL LAISSER REPOSER LE RISOTTO AVANT DE LE SERVIR ?

Pour permettre au riz de s'attendrir, à la préparation de s'épaissir et, surtout, aux saveurs de se mêler. De plus, une chaleur trop vive tuerait les saveurs.

Sucré-léger

Brochettes de roses aux fruits frais

Une recette imaginée à Royan, lors d'un reportage organisé par le journal *Elle*. Le soleil nous harcelait de ses rayons, la mer ne nous accordait sa fraîcheur qu'après de longues journées de travail, et les allées du marché n'en pouvaient plus d'être foulées par nos espadrilles. Les étals de fruits ne m'évoquaient plus rien, j'étais bloquée du panier ! J'envisageais des brochettes de fruits frais. Et si on le disait avec des fleurs ? On retire les épines, on intercale fruits et pétales, on dispose ces roses gourmandes dans les assiettes, avant de les tremper dans du miel à la rose. Une belle brochette ! Mais toutes les roses ne sont pas bonnes à manger. Cueille-les toi-même, dans ton jardin, ou achète-les au supermarché... Il existe désormais des rayons de fleurs comestibles dans les grandes surfaces.

Préparation 20 min

Pas de cuisson

Pour 6 personnes

- 12 roses non traitées, à tige fine + 4 grandes roses de couleur différente
- 1 kg de fruits divers : fraises, raisins, pêches, abricots, groseilles à maquereaux, bananes, prunes...
- 2 citrons
- 24 feuilles de menthe
- 4 tranches de pain d'épice
- 4 cuil. à soupe de miel liquide
- 1 cuil. à soupe d'eau de rose
- 1 bâton de cannelle

1. Verse le miel dans une petite casserole, ajoute le jus d'1/2 citron, 3 cuil. à soupe d'eau, l'eau de rose et le bâton de cannelle. Fais chauffer à feu doux jusqu'à ébullition, retire du feu et laisse refroidir.
2. Retire les épines et les feuilles des tiges des 12 roses. Lave-les et sèche-les sans toucher aux pétales.
3. Lave les fruits. Coupe les plus gros en dés ou en rondelles. Tranche le pain d'épice en petits carrés. Détache les pétales des 4 grandes roses.
4. Enfile sur les tiges, en alternance, fruits, pétales, feuilles de menthe et pain d'épice. Réserve les brochettes au réfrigérateur le moins longtemps possible.
5. Sers avec le miel à l'eau de rose et les citrons coupés en 2.

UN CONSEIL

S'il te reste des pétales, utilise-les pour préparer un granité à la rose.

LA QUESTION DE MA MÈRE

MIEL

COMMENT FAIS-TU POUR LE LIQUÉFIER ?

Il suffit de le faire chauffer au micro-ondes ou à la casserole quelques minutes.

PÉTALES

TU NE CRAINS PAS DE LES DÉCHIRER, EN LES ENFILANT SUR LES TIGES ?

Ça peut arriver, c'est la raison pour laquelle je conseille d'acheter des roses à tige très fine. Néanmoins, pour éviter de semblables accidents, il suffit de tailler la pointe des tiges en biseau ou en pointe.

Granité à la rose et au vin rosé

Les filles ne naissent peut-être pas dans les roses, mais elles s'en régalent. Un dessert étonnant, très savoureux, à préparer en priorité avec des roses rouges, les plus parfumées. Garde quelques pétales pour les tremper dans de la pâte à beignets, c'est délicieux !

Préparation 5 min
Cuisson 2 min
Congélation 4 h

Pour 4 personnes

- 4 belles roses rouges bio ou non traitées
- 2 citrons (jus)
- Quelques framboises pour le décor
- 100 g de sucre en poudre
- 30 cl de bon vin rosé
- 40 cl d'eau

1. Porte l'eau à ébullition avec le sucre en poudre et les pétales des 4 roses, laisse bouillir 1 min, couvre et retire du feu. Laisse refroidir.
2. Filtre à travers une passoire fine en écrasant bien les pétales. Ajoute le vin rosé et le jus des citrons, puis verse dans un récipient allant au congélateur. Laisse prendre 4 h, puis remue à la fourchette pour obtenir l'effet granité.
3. Décore avec quelques framboises et sers avec un verre de… vin rosé.

UN CONSEIL **Utilise de l'eau minérale, de l'eau de source ou de l'eau filtrée car l'ébullition ne neutralise ni les effets du calcaire ni l'arrière-goût de chlore.**

LA QUESTION DE MA MÈRE

AU FRAIS ?

EST-CE QUE JE PEUX LAISSER LE GRANITÉ TOUTE UNE NUIT AU FRAIS ?

Il faut impérativement gratter le liquide à la fourchette après 4 h, pour éviter d'obtenir un glaçon, mais, une fois cette opération effectuée, pas de problème, tu peux le conserver plusieurs jours !

Gratins de figues poivre et sel

L'intitulé peut surprendre... Il y a bien les caramels au beurre salé, les fraises au poivre, pourquoi pas les figues poivre et sel ? Toutes les figues ne se ressemblent pas : privilégie les violettes ou les vertes (appelées aussi blanches), plus petites et plus fines que les noires.

Préparation 15 min
Cuisson 20 min

Pour 4 personnes

- 500 g de figues
- 2 cuil. à soupe d'amandes effilées
- 30 g de poudre d'amande
- 70 g de beurre demi-sel + 15 g pour le moule
- 2 blancs d'œufs
- 25 g de farine
- 70 g de sucre en poudre
- 1 sachet de sucre vanillé
- 2 pincées de poivre noir du moulin

1. Préchauffe le four à 210 °C (th.7).
2. Dans une petite casserole, fais fondre le beurre (70 g) à feu moyen et laisse-le chauffer jusqu'à ce qu'il soit noisette, c'est-à-dire légèrement doré.

3. Pendant ce temps, mélange dans un grand bol la farine, la poudre d'amande, le sucre en poudre, le sucre vanillé et le poivre. Ajoute les blancs d'œufs et le beurre encore chaud, mélange encore.
4. Lave, sèche et coupe le pédoncule des figues, puis taille-les en 3 lamelles dans la hauteur.
5. Beurre un grand moule en terre ou 4 petits ramequins et répartis les lamelles de figues en étoile dans le fond. Recouvre avec le mélange aux amandes, sans trop les couvrir, et enfourne. Laisse cuire 15 min.
6. Allume le gril, saupoudre d'amandes effilées et laisse dorer quelques minutes.
7. Sers tiède, dans le moule.

UNE IDÉE

Accompagne ces gratins de glace à la vanille ou au miel.

Pour varier les plaisirs, tu peux remplacer le sucre vanillé par 1/2 cuil. à café de cannelle en poudre.

Feuilletés de myrtilles à la cannelle

Je dois confesser un penchant très net pour la cannelle. Je me retiens d'en mettre à toutes les sauces. Et mon obsession commence à l'achat, car il y a cannelle et cannelle. On peut passer d'une poudre au goût timidement terreux à une écorce pulvérisée encore humide qui vous entraîne sur les contreforts des montagnes chinoises (! ! !). Les rois de la cannelle sont incontestablement les Américains, qui en glissent jusque dans les shampoings. Force est d'ailleurs de reconnaître qu'elle est nettement meilleure chez eux. En faire provision suffit presque à motiver mes voyages à New York.

Préparation 10 min

Repos au frais 30 min

Cuisson 10 min

Pour 4 personnes

- 1 rouleau de pâte feuilletée prête à dérouler
- 500 g de myrtilles
- 2 jaunes d'œufs
- 30 g de beurre
- 6 cuil. à soupe de sucre glace
- 1 cuil. à café de cannelle en poudre
- 4 boules de glace à la vanille

1. Déroule la pâte et découpe dedans 4 disques en suivant les contours d'un bol ou d'une petite assiette. Ôte le surplus de pâte. Place le tout au réfrigérateur pendant 30 min.
2. Préchauffe le four à 240 °C (th. 8).
3. Badigeonne les disques de pâte de jaune d'œuf et saupoudre-les avec 2 cuil. à soupe de sucre glace,

retourne-les et recommence l'opération. Enfourne-les sur le papier cuisson en baissant le four à 200 °C (th. 6-7) et laisse cuire 10 min ou jusqu'à ce qu'ils soient bien dorés.

4. Dans une poêle, fais chauffer le beurre, verse les myrtilles, ajoute 2 cuil. à soupe de sucre glace et la cannelle en poudre. Fais-les fondre 2 min à feu vif.

5. Retire les disques du four et ouvre-les en deux dans l'épaisseur. Dépose le dessous dans les assiettes. Répartis les myrtilles par-dessus, saupoudre de sucre glace, ajoute la glace à la vanille et couvre avec les couvercles de pâte.

6. Sers rapidement, avant que la glace ne fonde.

LA QUESTION DE MA MÈRE

MYRTILLES
QUELLE EST LEUR SAISON ?

De la fin de l'été à l'automne. N'oublie pas que ces petites baies sont très fragiles et qu'il est préférable de les consommer dans les 24 h qui suivent l'achat. Hors saison, utilise des myrtilles surgelées.

Papillotes de bananes au rhum

Un dessert un peu magique tant il est simple et savoureux à la fois. Les enfants adorent, évidemment. Pour eux, on remplacera le rhum par du jus d'orange (quelques gouttes ne font pas de mal non plus). Sinon, utilise plutôt du rhum ambré, plus doux que le blanc. Si j'aime servir une boule de glace au chocolat avec ces papillotes, rien ne t'empêche d'opter pour d'autres parfums : vanille, calissons (Picard), caramel salé, pistaches, pain d'épice...

Préparation 5 min
Cuisson 10 min

Pour 4 personnes

- 4 bananes
- 1/2 citron (jus)
- 2 brins de menthe
- 5 cuil. à soupe de gelée de coing
- 2 cuil. à soupe de rhum
- 25 g de beurre
- Glace à la vanille

1. Préchauffe le four à 220 °C (th. 7-8).
2. Pèle et coupe les bananes en deux dans la longueur. Découpe 4 grands rectangles de papier aluminium, dépose 2 demi-bananes au centre de chacun et arrose-les de jus de citron.
3. Dans un bol, mélange le rhum, la gelée de coing et la menthe ciselée. Étale ce mélange sur les bananes, parsème de beurre et ferme la papillote, sans trop serrer pour que la vapeur se développe. Enfourne et fais cuire 10 min.
4. Sers tel quel, accompagné de glace à la vanille.

UN CONSEIL Pour un effet spectaculaire, réserve le rhum et flambe les bananes bien chaudes en les apportant à table.

LA QUESTION DE MA MÈRE

VARIANTE ?

PAR QUOI PUIS-JE REMPLACER LA GELÉE DE COING ? Par du sirop d'érable ou de la cassonade.

Clafoutis aux cerises et au basilic

J'apprécie beaucoup l'association du basilic et des fruits rouges. Essaye de déposer quelques feuilles sur une soupe de fruits rouges relevée au vinaigre balsamique, mixe un sorbet aux fraises avec quelques brins... une rencontre de raison. Quant à ce clafoutis, j'aime bien le parsemer d'un hachis d'amandes au bout de 15 min de cuisson, histoire de lui donner un peu de croquant.

Préparation 10 min
Cuisson 45 min

Pour 6 personnes

- 600 g de cerises burlat bien mûres
- 3 brins de basilic
- 100 g de cassonade + 1 cuil. à soupe
- 100 g de farine
- 2 œufs + 1 jaune
- 25 cl de lait entier
- 30 g de beurre
- 1/2 cuil. à café de vanille en poudre
- 1 pincée de sel

1. Préchauffe le four à 180 °C (th. 6).
2. Lave et sèche les cerises. Cisèle finement les feuilles de basilic.
3. Dans un saladier, mélange au fouet 100 g de cassonade et les œufs. Incorpore la farine, le basilic ciselé, le sel et la vanille. Verse le lait progressivement, en fouettant légèrement.
4. Prends un moule en terre de préférence, genre tian, et beurre-le avec 10 g de beurre. Verse les cerises (elles doivent être bien serrées sans pour autant se chevaucher), recouvre-les avec la préparation et enfourne. Laisse cuire 15 min.
5. Saupoudre d'1 cuil. à soupe de cassonade et répartis 20 g de beurre en petits dés sur toute la surface du clafoutis pour qu'il caramélise. Continue la cuisson pendant 30 min.
6. Sers tiède ou froid mais jamais glacé.

UNE IDÉE

Tu peux remplacer une partie de la farine par de la poudre d'amande, la vanille par de la cannelle en poudre, ou encore ajouter 1 cuil. à soupe de kirsch dans la préparation.

LA QUESTION DE MA MÈRE

VARIANTE ?

JE CRAINS UN PEU D'IMPOSER DU BASILIC AU DESSERT À MES AMIS, PEUX-TU ME PROPOSER UNE ALTERNATIVE ?

Quelques graines de fenouil (2 cuil. à café) seront du plus bel effet.

LA QUESTION DE MA MÈRE

CERISES
TU NE LES DÉNOYAUTES PAS ? Non, je ne crois pas que cela les rende plus parfumées comme je l'ai entendu dire. En revanche, elles tiennent mieux à la cuisson, ne s'affaissent pas et lâchent moins de jus, ce qui aurait tendance à empêcher le clafoutis de « prendre ».

Frozen yogurt de mangue et croustillants au sésame

Le frozen yogurt est, littéralement, un yaourt glacé dont les Américains sont très friands. Il est vendu en grandes surfaces mais aussi dans la rue, comme le jus d'orange chez nous. C'est une sorte de compromis entre le granité, le yaourt au fruit et la crème glacée. Si l'on utilise des fruits surgelés, c'est un jeu d'enfant. Il suffit d'être suffisamment impatiente pour qu'il ne vire pas à la soupe !

Préparation 15 min
Congélation 2 h
Cuisson 20 min

Pour 4 personnes

- 400 g de chair de mangue (soit 2 petites ou 1 grosse)
- 1/2 citron vert (zeste râpé)
- 250 g de yaourt brassé au lait entier
- 1 cuil. à soupe de rhum
- 1 grosse cuil. à soupe de cassonade

Pour les croustillants :

- 1/2 orange (5 cl de jus)
- 60 g de graines de sésame
- 80 g de sucre en poudre
- 35 g de farine
- 1 cuil. à soupe de miel
- 70 g de beurre

1. Pèle la mangue et découpe la chair autour du noyau. Entrepose ces lamelles, 2 h au moins, au congélateur.
2. Préchauffe le four à 180 °C (th. 6).
3. Pour les croustillants, fais fondre 60 g de beurre, mélange tous les ingrédients. Beurre une plaque à pâtisserie et dépose 2 cuil. à soupe de pâte au centre. Fais cuire 10 min. Retire du four, attends 2 min pour qu'ils se solidifient et détache-les. Dépose-les aussitôt dans une assiette creuse ou des grands bols pour leur donner une forme creuse. Laisse refroidir et recommence pour obtenir 4 tuiles.
4. Pour le frozen yogurt, mixe tous les ingrédients jusqu'à l'obtention d'une pâte épaisse.
5. Sers immédiatement le frozen yogurt dans les croustillants.

UN CONSEIL

Utilise des mangues surgelées que tu n'auras pas à faire décongeler au préalable.

LA QUESTION DE MA MÈRE

YAOURT OU CRÈME FRAÎCHE ?

EST-CE QUE JE PEUX UTILISER DE LA CRÈME FRAÎCHE ?

Ça ressemblera davantage à une crème glacée. Pour garder la légèreté de ce dessert, utilise plutôt du yaourt grec.

Mousse légère de fraises à l'eau de rose et au citron vert

Joli, ultra-léger, frais et déculpabilisant, voilà un dessert qui a tout pour nous mettre de bonne humeur. Essaye de donner quelques tours de moulin à poivre sur cette mousse avant de la servir.

Préparation 15 min
Repos au frais 2 h
Pas de cuisson

Pour 4 personnes

- 750 g de fraises
- 1/2 citron vert
- 2 blancs d'œufs
- 2 pots de yaourts à 0%
- 1 cuil. à café d'eau de rose
- 2 cuil. à soupe d'édulcorant en poudre

1. Lave puis équeute les fraises. Mixe-en 1/3 jusqu'à l'obtention d'un coulis. Coupe le reste en petits dés.
2. Ajoute au coulis de fraise les yaourts, l'eau de rose, le jus du citron vert et mélange bien.
3. Fouette les blancs d'œufs en neige ferme et incorpore-les au coulis de fraise. Ajoute les dés de fraises et laisse reposer 2 h au réfrigérateur.
4. Sers bien frais.

UN CONSEIL

Pour une texture encore plus fine, passe la purée de fraises au tamis pour retenir les graines.

LA QUESTION DE MA MÈRE

VARIANTE ?

EST-CE QUE JE PEUX REMPLACER L'EAU DE ROSE PAR UNE EAU-DE-VIE POUR FAIRE PLAISIR À CES MESSIEURS ?

Pourquoi pas, c'est délicieux avec du kirsch ou de l'eau-de-vie de framboise.

FI
DES
calories

Parfait glacé à la banane et au gingembre

Bananes-gingembre, un mélange qui n'a plus à faire ses preuves. L'essentiel, pour réussir cette recette, est de trouver un gingembre de qualité, exempt de fils, confit longuement mais pas trop sucré. Attention, le gingembre cristallisé n'a rien à voir avec les lamelles marinées qui accompagnent les sushis. J'entends déjà les rires de certains, mais il m'est pourtant arrivé de goûter le gâteau d'une amie confectionné par erreur avec ces dernières. Un peu acide mais pas inintéressant néanmoins !

Préparation 15 min
Congélation 1 nuit
Pas de cuisson

Pour 8 personnes

- 4 petites bananes roses (ou 2 bananes, bien mûres)
- 25 cl de crème fleurette
- 4 blancs d'œufs
- 100 g de sucre en poudre
- 70 g de gingembre confit et cristallisé
- 1 cuil. à soupe de rhum (facultatif)
- Sel

1. Verse la crème fleurette dans un saladier et place-le au congélateur 15 min, ainsi que les fouets.
2. Passe le gingembre sous un filet d'eau pour retirer l'excès de sucre et coupe-le en dés.
3. Écrase les bananes avec le rhum. Ajoute les dés de gingembre.
4. Fouette la crème fleurette en chantilly et ajoute-la à la purée de bananes en soulevant délicatement.

5. Monte les blancs en neige avec 1 pincée de sel et ajoute le sucre dès qu'ils commencent à monter. Incorpore-les à la préparation. Verse dans un moule à cake et congèle toute une nuit.

6. Pour démouler, passe la lame d'un couteau le long des parois. Sers en tranches, avec une sauce chaude au chocolat. Pour cela, il suffit de faire fondre 200 g de chocolat mi-amer avec 20 cl de crème liquide.

UN CONSEIL

Prépare un caramel liquide, ajoute des kumquats entiers préalablement ébouillantés et laisse cuire 5 min. Sers avec les tranches de parfait, à la place de la sauce au chocolat.

LA QUESTION DE MA MÈRE

BANANES ROSES
OÙ LES TROUVE-T-ON ?

Elles sont originaires des Antilles ou de Côte-d'Ivoire. On en trouve chez les fruitiers au rayon des fruits exotiques, ou dans les épiceries fines.

FLEURETTE OU LIQUIDE ?
QUELLE EST LA DIFFÉRENCE ENTRE LA CRÈME FLEURETTE ET LA CRÈME FRAÎCHE LIQUIDE ?

C'est exactement la même chose, c'est juste un petit nom pour faire joli !

RHUM
QUEL EST LE TYPE DE RHUM QUE TU CONSEILLES D'EMPLOYER EN PÂTISSERIE ?

Habituellement, on utilise du rhum ambré, vieilli en fût de chêne, moins alcoolisé et d'une saveur plus ronde, plus parfumée. Personnellement, j'apprécie la franchise du rhum blanc agricole. À toi de choisir !

LA QUESTION DE MA MÈRE

BLANCS EN NEIGE

POURQUOI DOIT-ON AJOUTER DU SEL DANS LES BLANCS D'ŒUFS AVANT DE LES FOUETTER ?

Parce que le sel permet de figer les bulles d'air apportées par le mouvement du fouet.

Crèmes glacées au touron

Un dessert absolument irrésistible. Le touron est une sorte de nougat espagnol fait de poudre d'amande, de miel et de blancs d'œufs. Si tu ne parviens pas à en trouver dans le commerce, remplace-le par cette délicieuse confiserie orientale à base de graines de sésame torréfiées qu'on appelle halva.

Préparation 5 min

Cuisson 5 min

Congélation 5 h au moins

Pour 6 personnes

- 200 g de touron mou
- 20 cl de crème fleurette
- 6 jaunes d'œufs
- 70 g de sucre en poudre
- 35 g d'amandes entières mondées

Pour la crème au chocolat :

- 200 g de chocolat noir
- 20 cl de crème fleurette

1. Verse 20 cl de crème fleurette dans un saladier et mets-le au congélateur pendant 10 min.
2. Fais bouillir le sucre en poudre 2 min avec 3 cuil. à soupe d'eau. Fouette les jaunes d'œufs et verse le sirop dessus sans cesser de fouetter jusqu'à ce que la préparation gonfle et mousse légèrement. Laisse refroidir, ajoute le touron émietté et mélange délicatement.

3. Fouette la crème fleurette en chantilly et incorpore-la au mélange. Verse dans des petits ramequins beurrés ou tapissés de papier alimentaire. Entrepose 5 h au moins au congélateur.
4. Fais griller les amandes dans une poêle à sec ou au four.
5. Prépare la crème au chocolat juste avant de servir : fais chauffer la crème fleurette et ajoute le chocolat cassé en morceaux, fouette vivement.
6. Démoule les crèmes et parsème-les d'amandes grillées. Sers aussitôt avec la sauce au chocolat encore chaude.

UNE IDÉE

Verse la préparation dans un moule à cake et sers en tranches.

LA QUESTION DE MA MÈRE

TOURON DE SISTERON

JE SAIS QUE L'ON FABRIQUE DU TOURON DU CÔTÉ DE SISTERON, EST-CE QUE JE PEUX L'UTILISER ?

C'est vrai, mais il s'agit d'une pâte d'amande parfumée au kirsch et enrobée de pignons qui n'a pas grand-chose à voir avec le touron espagnol de Jijona.

CRÈME FROIDE

POURQUOI FAIS-TU REFROIDIR LA CRÈME AVANT DE LA MONTER ?

Durcie par le froid, la matière grasse de la crème pourra emprisonner plus facilement les bulles d'air apportées par les mouvements du fouet.

Crème brûlée à la verveine

La crème brûlée est un de mes desserts favoris. Un faible que je partage avec beaucoup d'amis. Il y a peu, je me suis mis en tête d'élaborer « ma » version. J'ai adopté la technique dite « de l'ignorante ». J'ai ouvert tous les bouquins de cuisine à ma disposition, lu toutes les recettes de crème brûlée et j'ai pris un peu de chaque : les proportions de celle-ci, la cuisson de celle-là. Les premières tentatives furent des échecs cuisants, les versions suivantes étaient déjà un peu moins approximatives, jusqu'à celle-ci qui, à mon avis, supporte sans mal d'être soumise aux copains les plus exigeants.

Préparation 10 min

Repos 30 min

Cuisson 30 min

Congélation 2 h au moins

Pour 4 personnes

- 25 cl de crème fleurette
- 25 cl de lait entier
- 5 jaunes d'œufs
- 1 poignée de feuilles de verveine
- 7 cuil. à soupe de cassonade

1. Dans une petite casserole, mélange le lait et la crème fleurette et ajoute les feuilles de verveine. Porte à ébullition, retire du feu, couvre et laisse infuser 30 min.
2. Fouette les jaunes d'œufs avec 3 cuil. à soupe de cassonade.
3. Préchauffe le four à 150 °C (th. 5). Verse de l'eau à mi-hauteur dans la lèchefrite.
4. Incorpore la crème au mélange œufs-sucre et verse le tout dans des petits ramequins pas trop hauts. Pose-les dans la lèchefrite, au bain-marie, et laisse cuire 30 min.

5. Retire du four et laisse refroidir, puis réserve 2 h au moins au congélateur.
6. Allume le gril, saupoudre de cassonade, et place les ramequins dessous (si possible, entourés de glaçons). Laisse caraméliser 1 à 2 min et sers tout de suite.

UN CONSEIL

Utilise des ramequins de 8 cm de diamètre environ, c'est l'idéal.
Si tu possèdes un chalumeau ou une salamandre, le mieux est encore de les utiliser pour faire caraméliser ces crèmes.

UNE IDÉE

Essaie avec du lait de brebis ou de la vanille en gousse.

LA QUESTION DE MA MÈRE

LAIT
JE N'AI QUE DU LAIT DEMI-ÉCRÉMÉ CHEZ MOI, PUIS-JE L'UTILISER ?

Non, le taux de matière grasse est important pour obtenir l'onctuosité caractéristique de cette crème.

GLAÇONS
POURQUOI EN METTRE AUTOUR DES RAMEQUINS ?

Cela permet aux crèmes de rester froides. Les crèmes doivent caraméliser sans cuire, ni même chauffer.

Le gâteau de carottes du vieil ivrogne

Un gâteau inventé avec ma copine, ma sœur, Julie, aux Bahamas (une semaine de pluie, ça motive pour cuisiner !). Le vieil ivrogne qui nous accueillait se reconnaîtra. Qu'il me pardonne cette familiarité, mais, à le voir inonder sa part de gâteau de vieux rhum, le titre de la recette s'est imposé spontanément. Il faut bien reconnaître que ce gâteau est meilleur un peu « arrosé ».

Préparation 15 min **Cuisson** 45 min

Pour 6 personnes

- 300 g de carottes
- 50 g de raisins secs
- 2 gros œufs
- 20 g de beurre
- 5 cl d'huile de maïs ou de tournesol
- 120 g de cassonade
  + 20 g pour le moule
- 100 g de farine
- 1/2 sachet de levure chimique
- 1 petite tasse de rhum vieux
- 1/2 cuil. à café de cannelle en poudre
- 1 cuil. à café de vanille en poudre
- 1 cuil. à café de gingembre en poudre
- 5 clous de girofle
- 3 bonnes pincées de noix muscade en poudre
- 1/4 cuil. à café de sel

1. Préchauffe le four à 150 °C (th. 5).
2. Fais gonfler les raisins dans le rhum. Pèle les carottes et râpe-les (ou hache-les).
3. Mélange la farine, les épices (écrase les clous de girofle), le sel et la levure chimique.

4. Mélange ensemble l'huile et la cassonade. Ajoute les jaunes d'œufs un à un, puis la préparation à base de farine et d'épices, petit à petit, jusqu'à ce que le mélange soit homogène.
5. Ajoute les carottes râpées, les raisins égouttés et un peu de leur rhum (selon l'humeur). Mélange bien. Monte les blancs en neige avec 1 pincée de sel et incorpore-les en soulevant délicatement.
6. Beurre et sucre de cassonade un moule à savarin (ou à manqué) et verses-y la préparation. Enfourne 45 min.
7. Démoule le gâteau refroidi et place-le au réfrigérateur quelques heures. Sers bien frais.

UN CONSEIL

Arrose chaque part de gâteau avec le rhum restant.

UNE IDÉE

Remplace la moitié de la farine par de la farine complète et la moitié des raisins par des noix ou des pignons grillés.
Pour un gâteau plus moelleux, remplace la cassonade par du sirop d'érable et ajoute 1 œuf. Dans ce cas, laisse cuire 30 min à 140 °C (th. 4-5).

LA QUESTION DE MA MÈRE

CAROTTES

PUIS-JE LES ACHETER RÂPÉES SOUS VIDE, EN SACHET ?

Sache que leur coût sera bien plus élevé que si tu les achètes entières. De plus, je trouve qu'elles ont parfois moins de goût. Mais si tu es pressée, pourquoi pas !

ÉPICES

JE N'AI PAS TOUTES CES ÉPICES CHEZ MOI, PUIS-JE PRÉPARER CE GÂTEAU TOUT DE MÊME ?

Bien sûr ! Dans tous les cas, ces épices sont indicatives, tu peux en ajouter ou en retirer à loisir. Évite tout de même le curry, le cumin ou le paprika !!!

Pastilla au lait d'amande

Troisième version de la pastilla (après le poulet et le poisson), celle-ci n'en est pas moins authentique. Si tu as l'occasion de trouver du véritable lait d'amande – personnellement, je l'achète chez Izraël, rue François-Miron, à Paris – ce dessert n'en sera que meilleur. Sinon, tu peux tout à fait utiliser du lait normal.

Préparation 15 min
Cuisson 15 min

Pour 4 personnes

- 7 feuilles de brick
- 100 g d'amandes effilées
- 80 g de sucre en poudre
- 70 g de sucre glace
- 6 jaunes d'œufs
- 60 g de beurre
- 50 cl de lait entier
- 3 cuil. à soupe d'eau de fleur d'oranger
- Quelques gouttes d'essence d'amande amère
- 1 cuil. à soupe de cannelle en poudre

1. Préchauffe le four à 210 °C (th. 7).
2. Fais dorer les amandes dans une poêle sèche.
3. Porte le lait à ébullition dans une casserole. Dans un saladier, fouette ensemble le sucre en poudre et les jaunes d'œufs. Ajoute le lait en filet sans cesser de fouetter et reverse le tout dans la casserole. Fais épaissir à feu moyen en remuant souvent. Le mélange doit être plus épais qu'une crème anglaise. Ajoute l'eau de fleur d'oranger et l'essence d'amande amère. Laisse refroidir.

4. Détache les feuilles de brick de leur papier, badigeonne-les de beurre fondu sur les deux faces et enfourne-les en intercalant les papiers entre chacune d'elles. Laisse cuire 10 min, jusqu'à ce qu'elles soient dorées.

5. Saupoudre les feuilles de sucre glace et de cannelle. Dépose 2 feuilles de brick l'une sur l'autre dans un plat de service, arrose avec 1/3 de crème d'amande, parsème d'amandes. Recommence 2 fois l'opération et termine par une feuille de brick. Saupoudre de sucre et de cannelle et sers tiède.

UN CONSEIL

N'écrase pas les feuilles de brick dans le four, elles colleraient les unes aux autres.

UNE IDÉE

Remplace l'eau de fleur d'oranger par des zestes d'orange hachés.

LA QUESTION DE MA MÈRE

EN GLACE OU EN POUDRE ?

SI JE N'AI PAS DE SUCRE GLACE, PUIS-JE UTILISER DU SUCRE EN POUDRE TRADITIONNEL ?

Non et oui. Non, car ce sucre est utilisé pour glacer les feuilles de brick et décorer la pastilla. Avec le sucre en poudre, on sentirait les grains croquer sous la dent, ce qui n'est pas l'effet voulu. En revanche, tu peux fabriquer ton propre sucre glace : place du sucre en poudre dans le bol d'un petit mixeur et fais tourner à pleine vitesse pendant 30 s.

BIEN ORGANISÉE !

PUIS-JE PRÉPARER CETTE PASTILLA QUELQUES HEURES À L'AVANCE, AVANT QUE MES AMIS N'ARRIVENT ?

Tu peux faire cuire les feuilles de brick et préparer la crème à l'amande à l'avance, mais il te faudra « monter » la pastilla au dernier moment. Rassure-toi, c'est très rapide !

Strudel aux pommes et aux noix

Un dessert très délicat à réaliser si l'on se conforme à la recette autrichienne originale (une pâte à l'huile abaissée très finement). La pâte à filo est une pâte composée de farine, d'œuf, d'eau et de fécule de pomme de terre, et étirée en feuilles aussi fines que du papier à cigarettes. Ces feuilles sont utilisées en guise de feuilletage pour confectionner les pâtisseries orientales et, notamment, le baklava. La pâte à filo te permettra ici d'obtenir une texture plus fine que les feuilles de brick et plus croustillante que la pâte brisée. Pour une présentation encore plus raffinée, tu peux faire cuire le strudel en rouleaux individuels en coupant les feuilles en deux dans la longueur avant de les rouler.

Préparation 10 min
Cuisson 30 à 35 min

Pour 4 personnes

- 4 feuilles de pâte à filo
- 3 pommes reines des reinettes ou golden
- 30 g de cerneaux de noix
- 30 g de beurre + 15 g pour le plat
- 15 cl de crème fraîche à 15%
- 2 cuil. à soupe de sucre glace
- 2 cuil. à soupe de rhum
- 1 cuil. à café de cannelle en poudre

1. Pèle, épépine et coupe les pommes en dés. Fais fondre 15 g de beurre dans une sauteuse, ajoute les dés de pommes, couvre et laisse cuire 5 min à feu moyen.
2. Préchauffe le four à 170 °C (th. 5-6).

3. Retire le couvercle de la sauteuse, ajoute les noix, la cannelle et 1 cuil. à soupe de sucre glace. Mélange et laisse cuire encore 5 min à feu vif en remuant souvent. Verse le rhum, flambe, retire du feu et laisse refroidir.
4. Superpose 2 feuilles de pâte à filo. Répartis la préparation en bande sur 1/4 de la feuille et roule en boudin. Entoure ce rouleau dans 2 autres feuilles. Répartis le reste du beurre fondu sur ce rouleau. Pose-le dans un plat beurré allant au four et fais cuire 20 à 25 min, jusqu'à ce qu'il soit bien doré.
5. Sers tiède, découpé en tranches et saupoudré de sucre glace. Accompagne ce strudel de crème fraîche légèrement fouettée.

UN CONSEIL

Utilise un pinceau pour bien répartir le beurre sur le strudel.

UNE IDÉE

Remplace les noix par des raisins secs.

LA QUESTION DE MA MÈRE

FLAMBÉE

JE N'ARRIVE JAMAIS À FAIRE FLAMBER DES ALIMENTS, AS-TU UN TRUC ?

Il faut que ta poêle soit bien chaude. Pour être sûre de réussir ton coup, tu peux préchauffer le rhum dans une petite casserole avant de le verser sur les aliments. Prépare une allumette à portée de main et flambe immédiatement. Et attention les cheveux !

Gâteau renversé aux nectarines

Inspiré du quatre-quarts, ce gâteau peut être servi en dessert avec une crème anglaise aux épices. N'hésite pas à remplacer les nectarines par des quartiers de fruits de saison : poire, pamplemousse, ananas, mangue...

Préparation 15 min

Cuisson 40 min

Pour 6 à 8 personnes

- 4 ou 5 nectarines, selon leur taille
- 150 g de cassonade + 2 cuil. à soupe
- 100 g de farine
- 50 g de poudre d'amande
- 110 g de beurre + 15 g pour le moule
- 2 œufs
- 1 cuil. à café d'extrait de vanille liquide

1. Préchauffe le four à 180 °C (th.6).
2. Beurre généreusement un moule à manqué de 23 cm de diamètre environ. Pèle les nectarines et coupe-les en quartiers. Retire ensuite le noyau, puis détaille chaque quartier en 3 lamelles.
3. Étale les lamelles en les superposant en une seule couche dans le fond du moule et saupoudre-les avec les 2 cuil. à soupe de cassonade.
4. Dans un saladier, fouette vivement les œufs avec 150 g de cassonade. Ajoute le beurre mou ou fondu, la farine tamisée, la poudre d'amande et la vanille. Verse sur les fruits.

5. Fais cuire 40 min, jusqu'à ce que ce que la croûte soit bien dorée. Laisse reposer 10 min.

6. Démoule en retournant le tout sur une assiette. Sers tiède ou à température ambiante.

UNE IDÉE

Parfume ta pâte en ajoutant 1 cuil. à soupe de rhum ambré.

LA QUESTION DE MA MÈRE

NECTARINES

ÇA NE ME PARAÎT PAS ÉVIDENT DE PELER LES NECTARINES ; AS-TU UN TRUC ?

En principe, la peau se retire très facilement si elles sont mûres, il suffit de la gratter avec un petit couteau.

CONSERVATION

FAUT-IL CONSERVER CE GÂTEAU AU RÉFRIGÉRATEUR ?

C'est préférable, mais il faut penser à le sortir 1 h avant de le manger, sinon le froid « fige » sa saveur.

Crêpes à la bière et à la fleur d'oranger

Des petites crêpes préparées à la bière (plus légères et plus digestes) et enrichies d'eau de fleur d'oranger. Le choix de la poêle conditionne grandement le succès de ton entreprise : une crêpière est évidemment idéale, sinon les poêles en fonte, à fond épais, sont préférables aux poêles antiadhésives qui dessèchent les crêpes et t'obligent à enrichir la pâte de beurre fondu.

Préparation 10 min

Repos au frais 1 h

Cuisson 1 min par crêpe environ

Pour 12 crêpes environ

- 200 g de farine
- 3 œufs
- Beurre
- Huile
- 2 cuil. à soupe rases de sucre en poudre
- Cassonade
- 1 cannette de bière blonde (33 cl)
- 10 cl d'eau minérale
- 1 cuil. à soupe d'eau de fleur d'oranger
- Cannelle en poudre
- Sel

1. Mélange le sucre en poudre, la farine et 1 pincée de sel. Ajoute la bière et l'eau en remuant au fouet, incorpore les œufs un à un, puis verse l'eau de fleur d'oranger. Laisse reposer 1 h au moins au réfrigérateur, couvert d'un linge.
2. Huile légèrement une poêle chauffée à feu moyen. Verse un peu de pâte dedans, répartis-la au fond de la poêle et laisse dorer quelques instants. Retourne-la, saupoudre de cassonade et de cannelle, et dépose sur le dessus

une petite lamelle de beurre. Laisse fondre quelques instants et plie la crêpe en triangle. Recommence l'opération jusqu'à ce que tu aies utilisé toute la pâte.

3. Garde les crêpes au chaud en les réservant sur une assiette posée sur une casserole remplie d'eau frémissante.

LA QUESTION DE MA MÈRE

FOUET

FAUT-IL FOUETTER AVEC UN FOUET ÉLECTRIQUE OU UN FOUET À MAIN ?

Un fouet à main suffit largement, la puissance du fouet électrique risquerait d'incorporer de l'air dans la pâte et donc de la dessécher.

Tarte à l'orange et à la cardamome

Pourquoi ne pense-t-on pas plus souvent à remplacer le citron de la tarte éponyme par d'autres agrumes ? Essaye l'orange, c'est plus doux, plus rond, et n'hésite pas à jouer avec les épices (cannelle, carvi, girofle...). J'aime bien ajouter des quartiers pelés à vif sur le fond de pâte pour apporter un côté juteux à cette tarte.

Préparation 20 min

Cuisson 40 min

Pour 6 personnes

- 1 rouleau de pâte brisée prête à dérouler
- 5 belles oranges
- 150 g de sucre en poudre
- 2 jaunes d'œufs
- 60 g de beurre + 15 g pour le moule
- 5 capsules de cardamome verte ou 1/2 cuil. à café de cardamome en poudre
- 2 pincées de noix muscade en poudre

1. Préchauffe le four à 210 °C (th. 7).
2. Ouvre les capsules de cardamome et récupère les graines. Concasse-les légèrement. Râpe le zeste d'1 orange puis presse-la.
3. Beurre un moule à tarte de 25 cm de diamètre et tapisse-le de pâte.
4. Dans une casserole, hors du feu, bats les jaunes d'œufs avec 125 g de sucre en poudre, la cardamome concassée, la noix muscade, le zeste et le jus de l'orange. Place la casserole sur un feu doux et ajoute le beurre petit à petit, sans cesser de remuer, environ 10 min. Le mélange doit épaissir légèrement.
5. Pèle à vif les 4 oranges restantes et coupe-les en rondelles très fines. Dispose ces rondelles sur la tarte en les faisant se chevaucher légèrement à chaque fois. Recouvre du mélange à base de jus d'orange.
6. Saupoudre avec le reste de sucre et fais cuire à four chaud pendant 30 min.
7. Laisse refroidir avant de démouler.
8. Sers à température ambiante.

UNE IDÉE ...

Remplace la cardamome par 1/2 cuil. à café de cannelle en poudre.

Tarte aux noisettes et au Carambar

C'est en me désespérant de voir un paquet de Carambar traîner dans ma cuisine que je décidai un jour de m'en servir pour improviser une tarte délibérément régressive. Le résultat devait remporter un franc succès et c'est devenu un de mes classiques. Depuis, j'ai toujours un sachet de Carambar à portée de casserole car ils me permettent de préparer une sauce au caramel en deux coups de main (la sauce de cette tarte sans l'œuf)... du plus bel effet sur une boule de glace ou une part de moelleux au chocolat ! La pâte sablée aux noisettes participe beaucoup au succès de ce dessert. Prépare une grande quantité de pâte, sépare-la en plusieurs boules et conserve-les bien emballées 4 jours au frais ou plusieurs mois au congélateur.

Préparation 20 min

Repos au frais
1 nuit

Cuisson 30 min

Pour 6 personnes

Pour la pâte sablée aux noisettes :

- 50 g de noisettes en poudre
- 100 g de farine
- 1 petit œuf
- 50 g de beurre
- 50 g de sucre glace
- 2 pincées de sel

- 20 Carambar au caramel
- 30 cl de crème fleurette
- 20 g de beurre
- 1 grosse cuil. à soupe de cacao en poudre
- 50 g de noisettes

1. Prépare la pâte sablée : sors le beurre du réfrigérateur à l'avance et écrase-le en pommade. Tamise au-dessus le sucre glace, mélange en écrasant le beurre à la spa-

tule. Ajoute l'œuf, sans cesser de mélanger, puis tamise la farine par-dessus, les noisettes en poudre et le sel. Façonne une boule, entoure-la de film alimentaire et laisse-la reposer toute une nuit au réfrigérateur.

2. Le lendemain, sépare la boule en 2 parts égales et conserves-en 1 bien emballée.
3. Préchauffe le four à 160 °C (th. 5-6).
4. Beurre un moule à tarte, étale la pâte en couche fine et régulière et garnis-en le moule. Enfourne 30 min puis laisse tiédir. Fais dorer les noisettes dans une poêle à sec.
5. Fais fondre les Carambar dans la crème fleurette, ajoute le cacao qui va corser cette crème et la rendre moins sucrée.
6. Verse la crème de Carambar sur le fond de tarte tiède et laisse tiédir. Concasse les noisettes et parsème-les sur la tarte. Place au frais.
7. Démoule et sers frais.

UN CONSEIL

Pour gagner du temps, achète de la pâte sablée prête à dérouler sur laquelle tu peux parsemer des noisettes concassées avant de verser la sauce au Carambar.

LA QUESTION DE MA MÈRE

PÂTE PIQUÉE

FAUT-IL PIQUER LA PÂTE COMME ON LE DIT SOUVENT EN PÂTISSERIE ?

Ce n'est pas utile ici. La pâte sablée ne gonfle pas comme la pâte feuilletée et elle ne se rétracte pas non plus comme la pâte brisée.

Moelleux praliné aux dattes

Un curieux mélange pour un résultat diabolique. Ce gâteau dévoile une onctuosité exceptionnelle grâce à la présence des dattes. Parmi toutes les variétés, je te conseille celles qui viennent d'Algérie et de Tunisie, notamment les deglet-beida, dont la chair est plus sucrée. Les dattes se conserve 2 à 3 semaines au frais, bien emballées dans du film alimentaire. Si elles sont un peu sèches, pèle-les avant de les mixer. Pour cela, il suffit de les ébouillanter quelques secondes.

Préparation 10 min
Cuisson 45 min

Pour 6 personnes

- 250 g de dattes moelleuses
- 200 g de pralinoise
- 4 œufs
- 150 g de beurre + 20 g pour le moule
- 70 g de sucre en poudre
- 50 g de noix
- 100 g de poudre d'amande
- 1 cuil. à café d'extrait de vanille liquide
- 2 cuil. à soupe bombée de Maïzena
- Sel

1. Préchauffe le four à 160 °C (th. 5-6). Concasse grossièrement les noix.
2. Fais fondre la pralinoise et ajoute le beurre en morceaux. Remue jusqu'à ce que tout soit fondu, et ajoute la vanille.
3. Dénoyaute les dattes. Bats les œufs avec le sucre en poudre, la poudre d'amande, la Maïzena tamisée et 1 bonne pincée de sel. Incorpore les dattes (réserves-en

6 ou 7). Mixe le tout jusqu'à l'obtention d'une pâte homogène. Incorpore le pralin, mélange, puis ajoute les dattes restantes coupées en 3 ou 4 morceaux ainsi que les noix concassées.

4. Beurre un moule à manqué à fond amovible. Verse la préparation et enfourne. Laisse cuire 45 min.

5. Démoule froid.

UN CONSEIL

Ce gâteau peut se conserver 15 jours, bien emballé dans du film alimentaire.

LA QUESTION DE MA MÈRE

PRALINOISE
QU'EST-CE QUE C'EST ?

C'est de la pâte de praliné mise en plaquette comme du chocolat. Tu en trouveras au rayon chocolat des grandes surfaces.

Chocolat

Parfait glacé au chocolat et aux marrons

Une terrine de chocolat qui joue sur les contrastes de textures et de saveurs. Effet garanti lorsque tu apportes ce dessert à table, couvert de cacao en poudre ou de copeaux de chocolat, et que tu le tranches devant les invités ébahis par ta dextérité.

Préparation 30 min
Congélation 4 h au moins

Pour 8 personnes

- 200 g de crème de marron
- 200 g de chocolat noir à 70% de cacao
- 40 g de cacao amer en poudre + 1 cuil. à soupe
- 80 g de sucre en poudre
- 25 cl de crème fleurette
- 4 blancs d'œufs
- 80 g de meringue (au chocolat, aux amandes ou au café)
- 3 cuil. à soupe de cognac

1. Verse la crème fleurette dans un saladier, avec les fouets du batteur, et laisse-la 15 min au congélateur.
2. Fais fondre le chocolat au bain-marie ou au micro-ondes (position décongélation).
3. Mélange soigneusement la crème de marron, le cognac, 1 cuil. à soupe de cacao amer et le chocolat fondu.
4. Brise la meringue en petits morceaux. Sors la crème fleurette du congélateur et fouette-la en chantilly.
5. Monte les blancs d'œufs en neige avec une pincée de sel. Lorsqu'ils sont bien montés, ajoute le sucre en poudre et continue de fouetter 30 s.

6. Incorpore les blancs en neige à la préparation au chocolat en soulevant délicatement, puis incorpore la crème fouettée.
7. Tapisse un moule à cake de film alimentaire et verse 1/3 de la mousse au chocolat. Couvre la surface avec la moitié de la meringue émiettée, verse encore 1/3 de la préparation, puis le reste de meringue. Termine par une couche de mousse. Lisse le dessus. Tape le fond du moule contre le plan de travail pour tasser le tout, recouvre de film alimentaire et mets au congélateur 4 h, au moins.
8. Démoule le parfait et saupoudre-le de cacao en poudre. Sers découpé en tranches.

UN CONSEIL

Entrepose le parfait 30 min au réfrigérateur avant de le servir, pour qu'il soit plus facile à découper.
Ce gâteau se conserve 1 mois au congélateur, couvert de film alimentaire.

UNE IDÉE

Accompagne ce parfait d'une crème anglaise à la vanille ou de chocolat fondu.

LA QUESTION DE MA MÈRE

FOUET

PEUT-ON MONTER LES BLANCS D'ŒUFS AVEC LE MÊME TYPE DE FOUET QUE LA CHANTILLY ?

Absolument, mais lave et sèche bien les fouets avant de les utiliser pour les œufs car le moindre résidu de gras ou d'eau pourrait les empêcher de monter.

CRÈME FROIDE

POURQUOI FAIS-TU REFROIDIR LA CRÈME AVANT DE LA MONTER ?

Durcie par le froid, la matière grasse de la crème pourra emprisonner plus facilement les bulles d'air apportées par les mouvements du fouet.

Dômes glacés au praliné

Bien sûr, on trouve du pralin au rayon « aides-pâtissières ». Toutefois si tu parviens à convaincre ton pâtissier de te vendre un peu de praliné maison, ce dessert n'en sera que meilleur.

Préparation 15 min
Pas de cuisson
Repos au frais 3 h

Pour 4 personnes

- 100 g de pralin
- 25 cl de crème fleurette
- 2 œufs entiers + 2 jaunes extra-frais
- 30 g de sucre en poudre
- 100 g de chocolat noir mi-amer
- Sel

1. Verse 10 cl de crème fleurette dans un saladier et place-le au congélateur pendant 15 min.
2. Fouette les jaunes et le sucre en poudre jusqu'à ce qu'ils blanchissent, puis ajoute le pralin.
3. Fouette en chantilly la crème placée au congélateur. Monte les blancs en neige avec 1 pincée de sel. Incorpore à la préparation la chantilly, puis les blancs en neige, très délicatement, en soulevant.
4. Verse la préparation dans des petits moules ronds tapissés de film alimentaire, lisse le dessus et entrepose dans la partie la plus froide du réfrigérateur, pendant 3 h.
5. Sors les dômes du réfrigérateur.
6. Fais bouillir le reste de crème fleurette et incorpore le chocolat cassé en morceaux, mélange bien.
7. Démoule les dômes et entoure-les d'un cordon de sauce chocolat. Sers aussitôt.

UNE IDÉE

Après avoir coulé la préparation dans les moules, couvre de crêpes dentelle émiettées. Une fois démoulés, tes dômes dévoileront une délicieuse base feuilletée.

Petits pots de chocolat à la menthe

Rien de plus simple que de confectionner ces petits pots, il suffit de faire infuser les feuilles de menthe dans la crème fleurette avant de la verser sur le chocolat. Une technique qui permet de préparer ce dessert avec les herbes ou les épices de ton choix (citronnelle, verveine, anis étoilé, cannelle, poivre, gingembre frais, etc.).

Préparation 20 min
Cuisson 5 min
Repos au frais 3 h

Pour 6 personnes

- 300 g de chocolat noir à 70% de cacao
- 1 bouquet de menthe
- 20 amandes fraîches
- 60 cl de crème fleurette
- 2 cuil. à soupe de miel
- 3 cuil. à soupe de thé de Ceylan

1. Effeuille et lave la menthe. Réserve quelques feuilles pour la décoration. Décortique les amandes. Porte la crème fleurette à frémissement. Mets-y les feuilles de menthe et le thé, retire du feu, couvre et laisse infuser 5 min.
2. Casse le chocolat en petits morceaux. Verse la crème à la menthe sur le chocolat à travers une passoire et mélange jusqu'à ce qu'il soit fondu. Ajoute le miel et laisse refroidir. Verse dans des petits pots et place au frais pendant 3 h.
3. Fais dorer les amandes dans une poêle à sec et concasse-les.
4. Décore les crèmes avec les amandes concassées ainsi que des feuilles de menthe et sers aussitôt, bien frais.

UNE IDÉE…

Utilise du thé vert pour te rapprocher de la saveur du thé à la menthe oriental.

LA QUESTION DE MA MÈRE

POTS COUVERTS

FAUT-IL COUVRIR LES PETITS POTS COMME TU LE CONSEILLES PARFOIS ?

Cela dépend : si tu dois les laisser reposer plus de 3 h, c'est en effet préférable pour éviter qu'ils ne se dessèchent. Dans ce cas, couvre-les de film alimentaire ou de papier aluminium.

Mousse de Claude Demachy

Une mousse « riche », mais qui ne peut laisser indifférent tant elle est onctueuse. Elle colle un peu au palais, ce qui est, à mon goût, une des propriétés essentielles de la mousse au chocolat. Je dois cette recette à la reine Claude, qui a nourri des générations d'artistes avec cette mousse du diable. Merci à elle !

Préparation 10 min

Repos au frais 24 h au moins

Pas de cuisson

Pour 6 personnes

- 300 g de chocolat noir à 70% de cacao
- 12 œufs extra-frais
- 1 cuil. à soupe de sucre en poudre
- 70 g de beurre
- Sel

1. Fais fondre le chocolat au bain-marie ou au micro-ondes. Incorpore le beurre ramolli en petits morceaux.
2. Fouette les jaunes et le sucre en poudre jusqu'à ce que le mélange blanchisse et verse sur le chocolat refroidi. Mélange.

3. Monte les blancs en neige bien ferme avec 1 pincée de sel. Incorpore les blancs petit à petit. Verse dans un saladier et laisse reposer au frais au moins 24 h.
4. Sors la mousse du réfrigérateur 30 min avant de la servir.

UN CONSEIL

Couvre ton saladier de film alimentaire pour éviter que ta mousse ne se dessèche.

LA QUESTION DE MA MÈRE

CHOCOLAT

PEUT-ON PRÉPARER CETTE MOUSSE AVEC DU CHOCOLAT MOINS FORTEMENT CACAOTÉ ?

Libre à toi, mais je pense que cette mousse tient sa personnalité de son amertume et de sa puissance en cacao.

ŒUFS

POURQUOI DOIVENT-ILS ÊTRE EXTRA-FRAIS ?

Parce qu'ils ne subissent pas de cuisson et sont donc beaucoup plus sensibles aux bactéries.

Mousse au Toblerone

J'adore détourner les « bonbecs » de mon enfance : tarte aux noisettes et au Carambar (p. 252), cake aux caramels, gaufres au Mars… Cette recette m'a été inspirée par un dessert de Thiou, ma copine chef thaïlandaise, qui avait imaginé des beignets de bananes accompagnés de Toblerone fondu. J'ai fait encore plus simple en l'interprétant version mousse. La troisième recette de mousse au chocolat de ce livre… Difficile de nier que c'est l'une de mes plus grandes faiblesses.

Préparation 10 min
Pas de cuisson
Repos au frais
1 nuit au moins

Pour 6 personnes

- 200 g de Toblerone
- 200 g de chocolat noir à 70% de cacao
- 5 œufs extra-frais entiers + 1 blanc
- 100 g de beurre
- Sel

1. Prépare un bain-marie. Fais fondre, dans un saladier placé dans le bain-marie, le chocolat et le Toblerone cassés en morceaux. Retire-les du feu et ajoute le beurre petit à petit, puis les jaunes d'œufs un par un, sans cesser de remuer.
2. Fouette les blancs d'œufs en neige avec 1 pincée de sel et incorpore-les délicatement au mélange chocolaté.
3. Verse la mousse dans un saladier, couvre d'un film alimentaire et mets-la au frais pour une nuit au moins.
4. Sers bien frais.

UN CONSEIL

Pour obtenir une texture encore plus dense, laisse reposer la mousse 48 h au frais.

Terrine de chocolat au pain d'épice et à la fleur d'oranger

Un de mes desserts favoris : des couches successives de chocolat onctueux, de pain d'épice moelleux et de biscuits croustillants. On associe souvent l'orange et le chocolat, mais la fleur d'oranger développe des arômes encore plus subtils. Une bonne façon de donner quelques couleurs aux mousses, coulants, moelleux et autres redoutables chocolateries.

Préparation 15 min **Pas de cuisson**

Repos au frais 24 à 48 h

Pour 8 personnes

- 200 g de chocolat noir à 55% de cacao
- 100 à 150 g de pain d'épice en tranches d'1 cm d'épaisseur
- 50 g de spéculos
- 1 œuf extra-frais
- 10 cl de crème fraîche épaisse
- 100 g de beurre
- 1 cuil. à soupe de cacao amer
- 1 sachet de sucre vanillé
- 1 cuil. à soupe d'eau de fleur d'oranger

1. Fais fondre le chocolat au bain-marie ou au micro-ondes. Ajoute le beurre coupé en morceaux, mélange jusqu'à ce qu'il soit fondu puis incorpore la crème fraîche. Ajoute le cacao amer.
2. Fouette le sucre vanillé avec l'œuf avant de l'incorporer au chocolat.
3. Tapisse un petit moule à cake de film alimentaire.
4. Verse une couche fine de chocolat dans le fond du moule et place au frais pendant 30 min.

5. Dans une assiette creuse, verse 4 cuil. à soupe d'eau ainsi que l'eau de fleur d'oranger. Passe rapidement les tranches de pain d'épice dans le liquide et pose-les sans les superposer sur la couche de chocolat. Couvre avec la moitié des spéculos émiettés. Verse à nouveau une couche de chocolat, puis pose délicatement (pour éviter qu'elles ne s'enfoncent) une autre rangée de tranches de pain d'épice. Ajoute le reste des spéculos émiettés. Termine par une couche de chocolat, couvre et place au frais 24 h, idéalement 48 h.
6. Le lendemain, détaille la terrine en tranches fines et dépose-les sur les assiettes. Sers aussitôt.

UN CONSEIL

Humidifie légèrement les parois du moule pour faire adhérer le film alimentaire.

UNE IDÉE

Accompagne cette terrine d'une crème anglaise.

Tu peux remplacer les tranches de pain d'épice par des sablés traditionnels ou par des spéculos.

LA QUESTION DE MA MÈRE

PETITES QUANTITÉS

ET SI JE VEUX PRÉPARER CETTE RECETTE POUR 4 PERSONNES ?

C'est possible, bien sûr, mais, compte tenu de la longue conservation de ce dessert (15 jours au réfrigérateur), je te conseille d'en préparer une bonne quantité, les restes trouveront toujours preneur. Si vraiment tu ne veux pas être tentée d'en reprendre le lendemain, divise les ingrédients par deux et utilise un moule plus petit pour que ta terrine ne se transforme pas en crêpe.

LA QUESTION DE MA MÈRE

PAIN D'ÉPICE

ON TROUVE LE PIRE ET LE MEILLEUR EN MATIÈRE DE PAIN D'ÉPICE. AS-TU UN TRUC POUR JUGER DE SA QUALITÉ OU UNE BONNE MARQUE À ME RECOMMANDER ?

Vérifie qu'il est bien 100% pur miel et préfère les pains d'épice frais à ceux vendus en grande distribution : les premiers ne contiennent pas de conservateur et sont plus moelleux. Pour cette recette, tu n'as pas besoin d'employer un pain d'épice haut de gamme car il est imbibé de liquide et de chocolat. Une bonne marque... ? Je connais un couple, installé dans le pays basque, qui produit l'un des meilleurs pains d'épice qu'il m'ait été donné de goûter. Ils envoient leurs pains dans toute la France : Les Pains d'épice d'Aïnhoa, dans les Pyrénées-Atlantiques.

Marquise au chocolat et aux Chamallows

La marquise est une sorte d'énorme truffe au chocolat, moulée comme un gâteau : au bout de quelques cuillerées, on est rassasié, mais heureux. Ici, j'ai remplacé le sucre par des Chamallows fondus. Pour ne rien te cacher, c'est par dépit que l'idée s'est imposée à moi. En rupture de sucre en poudre, j'improvisai avec les seuls « bonbecs » qu'il me restait dans mon placard à provisions. Le résultat se laisse manger sans peine et presque sans appétit. Si l'envie de chocolat dépendait de l'appétit, ça se saurait !

Préparation 10 min

Cuisson 5 min

Repos au frais 1 nuit

Pour 8 personnes

- 200 g de chocolat noir à 70% de cacao
- 150 g de Chamallows à la vanille
- 125 g de beurre
- 2 œufs extra-frais
- Sel

1. Mets le beurre et les Chamallows dans une petite casserole. Fais fondre à feu très doux en remuant souvent.
2. Coupe le chocolat en petits morceaux.
3. Retire la casserole du feu et ajoute les morceaux de chocolat. Remue jusqu'à ce qu'ils soient fondus.
4. Monte les blancs en neige avec 1 pincée de sel.
5. Ajoute les jaunes un par un dans le chocolat, puis les blancs en soulevant délicatement.
6. Verse la préparation dans un saladier et laisse prendre une nuit au réfrigérateur.
7. Sors du réfrigérateur 30 min avant de servir.

UNE IDÉE

Si tu ajoutes 2 œufs, cette marquise devient une délicieuse mousse aux Chamallows.

UN CONSEIL

Si un jour tu dois occuper des enfants, ce gâteau remporte tous les suffrages.

LA QUESTION DE MA MÈRE

CHAMALLOWS

JE NE SAVAIS PAS QU'ILS ÉTAIENT PARFUMÉS ! ?

Eh si ! On reconnaît leur parfum à leur couleur : ivoire pour la vanille, rose pour la fraise, vert pour la menthe…

Gâteau au chocolat et au caramel salé

Qui ne connaît pas les CBS (caramels au beurre salé) de monsieur Leroux à Quiberon ? Remercions ce saint homme d'avoir eu l'audace de mélanger caramel, sel et chocolat pour confectionner ces subtiles confiseries. C'est en me délectant de l'une d'elles que j'ai eu l'idée de faire cuire en caramel le sucre de mon moelleux au chocolat et de remplacer le beurre doux par du demi-sel. Je te laisse juger du résultat.

Préparation 15 min

Cuisson 25 min

Pour 6 personnes

- 200 g de chocolat noir mi-amer
- 160 g de beurre demi-sel + 20 g de beurre pour le moule
- 4 œufs
- 150 g de sucre en poudre
- 50 g de poudre d'amande
- 1 cuil. à soupe de farine + pour le moule
- Sel, poivre

1. Préchauffe le four à 160 °C (th. 5-6).
2. Verse le sucre en poudre dans une casserole à fond épais et fais-le caraméliser à feu moyen, sans eau. Ajoute la moitié du beurre pour détendre le caramel et remue vivement. Ajoute le chocolat en morceaux et continue de remuer. Ajoute enfin le reste du beurre demi-sel. Retire du feu.

3. Casse les œufs et place les blancs dans un saladier. Ajoute les jaunes un à un dans la préparation. Saupoudre de poudre d'amande et de farine en mélangeant.
4. Monte les blancs en neige avec 1 pincée de sel et incorpore-les à la préparation.
5. Beurre et farine un moule à cake, verses-y la préparation et enfourne sur une grille. Laisse cuire 25 min.
6. Démoule tiède. Sers froid ou tiède.

LA QUESTION DE MA MÈRE

BEURRE

ET SI JE N'AI QUE DU BEURRE DOUX, QUELLE PROPORTION DE SEL DOIS-JE AJOUTER ?

Le taux de salaison du beurre demi-sel est d'environ 2 %. En l'occurrence, il te faudra ajouter 3 à 4 g de sel environ, soit 1/2 cuil. à café de sel, pour 160 g de beurre.

Coulants au chocolat et aux épices

Quel restaurant échappe à la mode du coulant, communément appelé « moelleux » au chocolat ? On m'a si souvent réclamé cette recette que j'ai fini par m'y atteler un jour. Thiou, ma copine chef thaïlandaise, m'avait donné quelques proportions. J'enlevai un peu de farine, raccourcis la cuisson, et voilà, « mon » coulant était né. Reste que, si chaque chef a aujourd'hui sa version, il faut rendre à Michel Bras, magicien culinaire aveyronnais, la paternité de cette recette. Biscuité à l'extérieur et coulant à cœur, le gâteau du maître demande une préparation très élaborée. Avant d'aller le déguster à Laguiole, essaye ceux-ci et ne dis à personne que c'est un jeu d'enfant.

Préparation 10 min **Cuisson** 6 min

Pour 6 personnes

- 300 g de chocolat noir à 70% de cacao
- 6 œufs
- 100 g de beurre + 20 g pour les ramequins
- 100 g de sucre en poudre
- 70 g de farine + pour les ramequins
- 1/2 cuil. à café de cannelle en poudre
- 1 pincée de noix muscade en poudre
- 1/4 de cuil. à café de grains d'anis
- 1/4 de cuil. à café de gingembre en poudre
- Poivre noir du moulin

1. Préchauffe le four à 240 °C (th. 8).
2. Fais fondre ensemble le beurre et le chocolat au bain-marie. Bats vivement le sucre en poudre et les œufs. Incorpore-les au chocolat et mélange délicatement au bain-marie. Tamise la farine au-dessus du chocolat tout

en mélangeant à la spatule. Écrase les grains d'anis au mortier. Incorpore toutes les épices et 4 tours de moulin à poivre à la sauce au chocolat.

3. Beurre et farine légèrement 6 petits ramequins. Verse la préparation aux 3/4 et enfourne à mi-hauteur sur une plaque plutôt qu'une grille pour que le fond soit pris. Laisse cuire 6 min.

4. Sors les ramequins du four, attends 1 min et démoule-les délicatement. Retourne-les et sers aussitôt.

UNE IDÉE…

Accompagne ces coulants d'une boule de sorbet à la menthe, de glace à la vanille ou d'une crème anglaise. Tu peux, évidemment, préparer ces coulants nature, sans les épices, ou bien y ajouter, au dernier moment, des petits éclats de gingembre confit, juste avant d'enfourner.

LA QUESTION DE MA MÈRE

RAMEQUINS

QUEL GENRE DE RAMEQUINS CONSEILLES-TU D'UTILISER ?

Il est vrai que la réussite de cette recette peut dépendre de la taille des moules : trop évasés, les coulants risquent d'être surcuits ; trop hauts, ils seraient indémoulables. Les plus conseillés sont de petits moules en céramique habituellement utilisés pour les œufs cocotte.

Tarte sablée aux amandes et au chocolat

Je conseille souvent d'acheter de la pâte à tarte prête à dérouler, mais celle-ci est un peu particulière et ne peut pas se trouver dans le commerce : la poudre d'amande se substitue à la farine pour donner un croquant incomparable. Alors, pour une fois, à toi de jouer ! Afin de gagner du temps, prépare une grande quantité de pâte, divise-la en 2 ou 3 boules de 250 g environ et emballe-les bien serré dans du film alimentaire. Tu pourras ensuite les conserver 3 jours au réfrigérateur ou plusieurs mois au congélateur.

Préparation 15 min

Repos 1 h

Cuisson 30 min

Pour 6 personnes

- 250 g de chocolat noir à 70% de cacao
- 200 g de poudre d'amande
- 1 œuf entier + 1 jaune extra-frais
- 25 cl de crème fleurette
- 20 g de beurre
- 60 g de sucre en poudre
- 1 sachet de sucre vanillé
- 2 cuil. à café de café serré
- Sel

1. Dans un saladier, mélange le sucre en poudre, la poudre d'amande, 1 jaune d'œuf et 1 bonne pincée de sel. Mélange bien et forme une boule. Entrepose-la au réfrigérateur 1 h au moins.
2. Préchauffe le four à 150 °C (th. 5).
3. Fais chauffer la crème fleurette dans une petite casserole à feu doux, ajoute le chocolat cassé en morceaux ainsi que le café et le sucre vanillé. Laisse fondre et

mélange le tout hors du feu. Ajoute l'œuf battu en omelette et le jaune restant.

4. Dépose la boule de pâte au centre d'un moule à tarte de 25 cm de diamètre, bien beurré, et étale-la délicatement en remontant le long des parois. Enfourne et laisse cuire 30 min.
5. Sors la pâte du four. Verse la crème sur la pâte encore chaude, ainsi elle va s'imbiber légèrement de crème : la tarte en sera plus moelleuse et plus homogène. Réserve la tarte au frais jusqu'au moment de servir.

UN CONSEIL

Humidifie tes doigts pour étaler la pâte plus facilement.
Pour développer la saveur de ta pâte, fais dorer la poudre d'amande 15 min à four chaud avant de l'incorporer.

Biscuits

Biscotti aux amandes et à la fleur d'oranger

Assez éloignés de nos biscottes nationales, ces petits gâteaux sont une des gourmandises les plus emblématiques de l'Italie. Leur originalité tient à leur double cuisson : la pâte est d'abord cuite entière, comme du pain, puis tranchée dans sa largeur, et on recuit les biscuits, afin de les dessécher et de les rendre croquants. Dernier conseil : il ne faut surtout pas omettre de faire rôtir les amandes avant de les incorporer, leur saveur y gagnera largement.

Préparation 5 min

Cuisson 25 min

Pour 6 à 8 personnes

- 2 oranges non traitées
- 70 g d'amandes entières mondées
- 3 gros œufs
- 10 g de beurre
- 230 g de farine
- 1 cuil. à café de levure chimique
- 100 g de sucre en poudre + 2 cuil. à soupe
- 2 cuil. à café de vanille liquide
- 1 cuil. à soupe d'eau de fleur d'oranger
- 1/2 cuil. à café de sel

1. Préchauffe le four à 180 °C (th. 6).
2. Profite de ce temps de préchauffage pour y faire dorer 15 min environ les amandes, posées sur la plaque du four ou sur du papier aluminium.
3. Prélève les zestes des oranges. Hache-les.

4. Dans le bol du mixeur, verse la farine, 100 g de sucre en poudre, la levure chimique, le sel et les zestes hachés. Ajoute 2 œufs, un par un, la vanille et l'eau de fleur d'oranger. Mixe jusqu'à l'obtention d'une pâte homogène et ajoute les amandes dorées.
5. Beurre légèrement une plaque à pâtisserie et pose dessus la pâte façonnée en gros boudin. Fouette le dernier œuf et badigeonnes-en le dessus de la pâte au pinceau (ou avec les doigts). Saupoudre d'un peu de sucre. Enfourne 15 min, puis retire du four et laisse tiédir. Baisse le four à 150 °C (th. 5).
6. Coupe la pâte en biscuits de 2 cm de large et dépose-les sur la plaque, côté coupé vers le haut. Laisse cuire encore 10 min.
7. Patiente jusqu'à ce qu'ils soient froids avant de les déguster.

UN CONSEIL

Pas commode de prélever le zeste des agrumes sans emporter la peau blanche, très amère, qui protège la chair du fruit. Sans compter qu'il faut ensuite les hacher finement. Solution : le zesteur, ce petit racloir qui permet de faire de jolis zestes tourbillonnants en un tour de main. Ça marche aussi avec les légumes pour une déco originale.

LA QUESTION DE MA MÈRE

PLAQUE À PÂTISSERIE

QUE PUIS-JE UTILISER SI JE N'AI PAS DE PLAQUE À PÂTISSERIE ?

Tu peux déposer une feuille de papier sulfurisé beurrée sur la plaque du four.

CONSERVATION

COMBIEN DE TEMPS PUIS-JE CONSERVER CES BISCUITS ?

Conserve-les 4 à 5 jours dans une boîte ou un bocal fermés hermétiquement.

Minimadeleines Velly

Pourquoi Velly ? Il m'a fallu des mois de négociation avec le chef du restaurant homonyme pour obtenir la recette de ses exquises petites madeleines. Depuis, c'est devenu une de mes spécialités, notamment le matin, au réveil... On fait comme on peut pour se rendre inoubliable.

Préparation 20 min
Repos 1 h à 2 h
Cuisson 20 à 25 min

Pour 6 personnes

- 100 g de poudre d'amande
- 100 g de farine
- 8 blancs d'œufs
- 230 g de beurre + 20 g pour le moule
- 250 g de sucre glace
- 1 grosse cuil. à soupe de miel
- 1 pincée de sel

1. Dans une petite casserole, fais fondre le beurre à feu doux, puis chauffe-le quelques minutes jusqu'à ce qu'il prenne une jolie couleur noisette. Retire la casserole du feu et laisse refroidir.
2. Dans une terrine, mélange la farine, le sucre glace, la poudre d'amande et 1 pincée de sel. Ajoute les blancs d'œufs et mélange soigneusement, sans fouetter, jusqu'à ce que la préparation soit homogène. Ajoute le beurre refroidi ainsi que le miel. Mélange. Réserve la préparation au réfrigérateur pendant 1 à 2 h.
3. Préchauffe le four à 220 °C (th. 7-8).
4. Beurre un moule à minimadeleines, répartis-y la préparation à l'aide d'une petite cuillère, enfourne et laisse cuire 5 à 7 min. Les madeleines doivent être bien

gonflées et dorées. Retire du four, laisse tiédir 5 min. Démoule et sers tiède ou froid, selon le goût.

5. Recommence l'opération jusqu'à épuisement de la pâte.
6. Sers ces minimadeleines tièdes ou froides.

UN CONSEIL

Tu trouveras des moules à minimadeleines chez les grossistes en matériel de cuisine, dans le quartier des Halles à Paris, par exemple. Sinon, utilise des moules à madeleines traditionnels.

UNE IDÉE

Si tu en as le temps, fais dorer la poudre d'amande, à feu moyen, dans une poêle sèche avant de l'utiliser, elle n'en sera que plus parfumée.

LA QUESTION DE MA MÈRE

JAUNES D'ŒUFS
QU'EST-CE QU'ON EN FAIT, ÇA SE GARDE ?

Tu peux les conserver 24 h au maximum dans un récipient couvert, au réfrigérateur. Le mieux, c'est de les utiliser pour réaliser un sabayon, une crème anglaise ou une crème brûlée.

CONSERVATION
COMBIEN DE TEMPS PUIS-JE CONSERVER CES MADELEINES ?

4 à 5 jours dans une boîte en fer ou en plastique hermétiquement fermée.

Cookies au beurre de cacahuète

Aïe, aïe, aïe, difficile de résister à l'appel de la cacahuète ! Croustillants à l'extérieur, ces cookies restent moelleux à cœur. Tu trouveras le beurre de cacahuète avec morceaux dans les épiceries anglo-saxonnes.

Préparation 15 min
Repos 1 h
Cuisson 10 à 12 min

Pour 20 cookies environ

- 200 g de farine
- 1 gros œuf
- 130 g de beurre
- 100 g de beurre de cacahuète avec morceaux
- 100 g de chocolat noir
- 2 cuil. à soupe de mélasse
- 230 g de cassonade
- 1 cuil. à café de vanille liquide
- 1/2 cuil. à café de sel

1. Sors le beurre du réfrigérateur 2 h avant de préparer les cookies. Mets-le dans un grand saladier et écrase-le jusqu'à l'obtention d'une pâte souple. Ajoute le beurre de cacahuète, la mélasse et la vanille. Mélange bien. Ajoute 130 g de cassonade, le sel et l'œuf et mélange à nouveau. Incorpore progressivement la farine tamisée, puis le chocolat cassé en petits morceaux. Laisse reposer au réfrigérateur pendant 1 h au moins.
2. Préchauffe le four à 180 °C (th. 6).
3. Façonne des boules de la taille d'une coquille de noix et roule-les dans le reste de cassonade.

4. Dispose les boules sur une plaque à pâtisserie ou sur une feuille de papier sulfurisé et fais cuire 10 à 12 min. Retire-les à la spatule et dépose-les sur une grille pour les laisser refroidir.

UNE IDÉE

Le beurre de cacahuète avec morceaux n'est pas facile à trouver. Le plus simple est encore de le confectionner soi-même en mixant grossièrement des cacahuètes non salées jusqu'à l'obtention d'une pâte grumeleuse.

LA QUESTION DE MA MÈRE

MÉLASSE QU'EST-CE QUE C'EST ? C'est le résidu du raffinage du sucre qui provient de la canne. Cette « pâte de sucre » est plus foncée et plus humide encore que la vergeoise ; elle possède un goût très prononcé de réglisse. On la trouve dans les épiceries fines ou anglo-saxonnes. Bon à savoir : la mélasse, beaucoup moins calorique que le sucre (250 cal/100 g), est néanmoins très riche en minéraux.

Tuiles aux amandes et au pavot

Qui n'a pas rêvé de savoir préparer soi-même des tuiles fines et croquantes comme dans les grands restaurants ? Et quel plaisir de voir l'effet produit quand tu apportes à table ces arches en dentelle... L'avantage, c'est qu'une fois que tu as préparé ces tuiles, tu n'auras plus de complexes à servir simplement quelques boules de glace en guise de dessert.

Préparation 10 min
Cuisson 32 à 40 min

Pour 12 tuiles environ

- 40 g de farine
- 100 g de beurre + 10 g pour la plaque
- 5 blancs d'œufs
- 40 g d'amandes effilées
- 1 cuil. à soupe de graines de pavot
- 80 g de sucre en poudre
- 1 pincée de sel

1. Préchauffe le four à 180 °C (th. 6).
2. Fais fondre le beurre dans une petite casserole et laisse-le colorer jusqu'à ce qu'il soit bien blond et qu'il cesse de crépiter.
3. Dans un saladier, mélange la farine et le sucre en poudre. Bats les blancs d'œufs à la fourchette jusqu'à ce qu'ils soient légèrement mousseux. Verse-les en 2 fois dans le saladier en mélangeant à chaque fois pour éviter la formation de grumeaux. Ajoute le beurre noisette et mélange à nouveau soigneusement.
4. Fais dorer les amandes effilées dans une poêle sèche. Beurre légèrement la plaque du four. Dépose 3 cuil. à

soupe de pâte sur la plaque, bien espacées les unes des autres. Étale la pâte avec le dos de la cuillère pour que les tuiles soient bien fines. Parsème le dessus de quelques amandes effilées, de pavot ou des deux.

5. Enfourne et laisse cuire jusqu'à ce que les bords soient bien dorés (8 à 10 min). Retire la plaque du four, décolle immédiatement les tuiles avec une spatule fine et dépose-les sur une bouteille ou un rouleau à pâtisserie pour leur donner une forme arrondie. Procède de la même façon jusqu'à épuisement de la pâte.
6. Tu peux servir aussitôt si tu le souhaites, les tuiles refroidissent immédiatement.

UNE IDÉE

Tu peux remplacer les amandes par des noisettes concassées, des raisins secs, des copeaux de noix de coco ou des pistaches concassées.

LA QUESTION DE MA MÈRE

BEURRE NOISETTE

JE CROYAIS QUE LE BEURRE NOISETTE ÉTAIT INTERDIT ?

C'est le beurre noir qui est interdit car, plus le beurre cuit, plus il dégage de substances nocives pour la santé. Si tu ne dépasse pas la couleur noisette et que tu n'entraînes pas le dépôt retombé dans le fond de la casserole, tu ne crains rien.

TUILES EN FORME

EST-CE QUE JE PEUX DONNER UNE AUTRE FORME À MES TUILES ?

Pour varier les formes, enroule tes tuiles autour d'un gros stylo pour obtenir des cigarettes russes, ou d'un objet pointu pour leur donner la forme d'un cône.

CONSERVATION

COMBIEN DE TEMPS PUIS-JE CONSERVER CES TUILES ?

Pas plus de 24 h, dans une boîte hermétique.

Sablés au gingembre

Des biscuits qui peuvent répondre à une envie compulsive car ils ne comportent que des produits secs, hormis le beurre. J'adore les servir avec de la glace au gingembre confit que j'achète chez Picard, ou avec le sorbet au chocolat d'Octave le Glacier.

Préparation 15 min
Repos 1 h
Cuisson 15 min

Pour 30 sablés environ

- 250 g de farine
- 135 g de beurre demi-sel
- 50 g de poudre d'amande
- 150 g de cassonade
- 1 cuil. à soupe de mélasse ou de vergeoise brune
- 2 cuil. à café rases de gingembre en poudre
- 1 cuil. à café de cannelle en poudre
- 4 clous de girofle
- 2 pincées de noix muscade en poudre

1. Écrase le beurre préalablement ramolli en pommade. Ajoute la cassonade et la poudre d'amande. Mélange jusqu'à l'obtention d'une pâte souple et homogène. Incorpore la farine, le gingembre, la cannelle, la noix muscade et les clous de girofle écrasés.
2. Forme 4 boules de pâte et étale-les sur de grandes feuilles de papier sulfurisé. Couvre avec une autre feuille de papier sulfurisé et régularise ces disques à l'aide d'un rouleau à pâtisserie jusqu'à ce qu'ils fassent 0,5 cm d'épaisseur (au maximum). Place 1 h au frais.
3. Préchauffe le four à 160 °C (th. 5-6).

4. Sors les disques de pâte du réfrigérateur et découpe dedans des sablés à l'aide d'un petit verre à bords fins. Pose-les sur une feuille de papier sulfurisé. Enfourne et laisse cuire 15 min.
5. Retire les sablés à l'aide d'une spatule et laisse-les refroidir sur une grille.

UN CONSEIL Pour un goût encore plus puissant, remplace la moitié de la farine par de la farine de sarrasin.

UNE IDÉE Tu peux ajouter dans la pâte le zeste finement râpé ou haché d'une demi-orange et/ou des noix concassées.

LA QUESTION DE MA MÈRE

CONSERVATION

COMBIEN DE TEMPS PUIS-JE CONSERVER CES BISCUITS ?

Environ 1 semaine, dans une boîte en plastique hermétique ou une boîte en fer.

Mes bonnes adresses

Dumanois Primeurs
4, place de la Vignasse
06560 Valbonne
Tél. : 04 93 12 08 28

Un endroit où je passe une bonne partie de mon temps en été, et où je me procure en particulier de délicieuses courgettes-fleurs pour ma recette de *Spaghettis aux fleurs de courgettes et au jambon* (p. 202).

Henri Le Roux
chocolatier et caramelier
18, rue Port Maria
56170 Quiberon
Tél. : 02 97 50 06 83

C'est grâce à ce monsieur, dont les confiseries sont on ne peut plus connues à Quiberon, que j'ai créé ma recette de *Gâteau au chocolat et au caramel salé* (p. 269).

Izraël
Épicerie du monde
30, rue François-Miron
75004 Paris
Tél. : 01 42 72 66 23

Une véritable caverne d'Ali Baba, où je me procure du véritable lait d'amande, pour ma recette de *Pastilla au lait d'amande* (p. 243).

Le Moulin de Mougins
Avenue Notre-Dame de Vie
06250 Mougins
Tél. : 04 93 75 78 24

Roger Vergé, l'ancien maître des lieux, aurait réalisé (avant moi !) les *Pommes rôties au four* (p. 186).

Les Pains d'épice d'Aïnhoa
Maison Kanteronea
Le Bourg
64250 Aïnhoa
Tél. : 05 59 29 34 17

Un endroit unique, où je trouve l'un des meilleurs pains d'épice qui soit, pour ma recette de *Terrine de chocolat au pain d'épice et à la fleur d'oranger* (p. 265).

Michel Bras
Route de l'Aubrac
12210 Laguiole
Tél. : 05 65 51 18 20

C'est à Michel Bras, chef aveyronnais que l'on ne présente

plus, que je dois ma recette de *Coulants au chocolat et aux épices* (p. 271).

Octave
138, rue Mouffetard
75005 Paris
Tél. : 01 45 35 20 56

Une adresse où vous trouverez de délicieuses glaces, en particulier le sorbet au chocolat qui accompagne merveilleusement bien les *Sablés au gingembre* (p. 285).

Picard Surgelés
Service information consommateur :
N° Azur : 0 810 13 12 11
ou www.picard.fr

Pour d'innombrables produits, légumes, fruits, glaces, etc.

Thiou
49, quai d'Orsay
75007 Paris
Tél. : 01 45 51 58 58
et
La Marine de Thiou
3, rue Surcouf
75007 Paris
Tél. : 01 40 62 96 50

Deux endroits tenus par Thiou, ma copine chef thaïlandaise, qui m'a inspirée pour ma recette de *Mousse au Toblerone* (p. 264).

Velly
52, rue Lamartine
75009 Paris
Tél. : 01 48 78 60 05

C'est au chef de ce restaurant que je dois ma recette de *Minimadeleines Velly* (p. 279).

Index des recettes
par produits principaux

R

S

W

WORCESTERSHIRE SAUCE

Y

YAOURT

Index alphabétique des recettes

P

Q

R

S

T

V

150 recettes pour cuisinières nulles

Françoise Prévost

Le Livre de Poche

Le Livre de Poche
Ginette
Mathiot
La cuisine pour tous

Maquette intérieure :
Sylvie Creuze-Milliet

Achevé d'imprimer en mars 2007 par LIBERDUPLEX
San Llorenç d'Hortons (08791)
Dépôt légal 1re publication : février 2007
Édition 2 : mars 2007
N° d'éditeur : 85712
Librairie Générale Française – 31, rue de Fleurus – 75278 Paris Cedex 06

30/8415/9